シリーズ旅する日本百選②

名城を訪ねる旅

西日本編

本書は「旅する日本百選」と題して、
日本が国内外に誇る歴史的建造物や資産を紹介するシリーズです。
また、単なる史跡紹介にととまらず、
読者の方に「旅情も味わってもらいたい」という思いも込めて企画しました。

ウェブサイト「日本百選 都道府県別データベース」(http://j100s.com)には、
現在185ジャンルにも及ぶ「日本百選」が登録されています。
その中には「城」「神社」「寺院」なとの王道のジャンルから
「マンホールの蓋」といった変わり種まで、多種多彩です。

そのあまたのジャンルから、われわれが最初に選んだのが、
本書「名城を訪ねる旅」になります。

城に関しては、現在「日本名城百選」「日本100名城」の2つが一般に知られています。

本書では上記の2つを参考にしながら、「旅情も味わえる城」というエッセンスを加え、
東日本50城、西日本50城の計100城を独自に選定しました。
また、「誰もが訪れることができる城」という観点から、
公共交通機関の利用が可能な城を中心に選んでおります。

城の紹介に関しても、従来の城単体の紹介にととまらず、
周辺地域の観光スポットも併せて紹介しています。
城を中心に、城下町なとの旅情も存分に味わってください。

城の選定に当たっては城郭考古学者の千田嘉博先生から助言をいただいたほか、
特別対談として城郭ライターの萩原さちこさん、
お城博士ちゃんでおなじみの栗原響大くんに、
「城巡りの旅」の醍醐味を聞いています。

さあ、みなさんも本書を片手に
全国の名城巡りの旅を存分に楽しんでください。
そして、あなただけの「旅情」をぜひ味わってください。

2021年10月
「名城を訪ねる旅」製作委員会

城の基本用語

☑ 馬出し(うまだし)

堀の対岸にあった出撃のための空き地で、道の屈曲と組み合わせた出入口。堀と土塁あるいは石垣を設け、味方の出撃をサポートでき、敵の侵入も防げた。主にコの字形の角馬出し、半円形の丸馬出しがあった。

☑ 曲輪(くるわ)

城を構成する空間で、「丸」とも呼ぶ。城の中心の曲輪を主郭や本丸などと呼び、中心に近い曲輪から二の丸、三の丸とするのが一般的。

☑ 惣構え(そうがまえ)

城下を土塁や石垣、堀で囲んだ空間、またはその防御施設を指す。

☑ 天守(てんしゅ)

城の最も高い場所や重要な部分に建てたシンボル的な建物。天守のない城や天守台を造りながら天守を築かなかった城もある。現存天守(P18)のほか、現在はさまざまな復元天守がある。

☑ 土塁(どるい)

曲輪の周囲に土を盛ったり削り出したりして造った堤防状の防御壁。

☑ 縄張り(なわばり)

城造りで、曲輪の配置、堀や土塁の巡らせ方、門の位置などを決めた平面設計のこと。

☑ 堀(ほり)

城の周囲を掘り、敵の侵入を防いだ。水をたたえた堀が「水堀」、水のない堀が「空堀」、尾根を切った空堀を「堀切り」と呼ぶ。

☑ 枡形(ますがた)

石垣や土塁で、四角い空間と道の屈曲を組み合わせた出入口。城外に突出した「外枡形」、城内に設けた「内枡形」があった。

☑ 櫓(やぐら)

城壁の角などに立って、物見や攻撃・防御拠点、武器・兵糧の保管庫などさまざまな用途で使用した建物。

[石垣の積み方]

☑ 野面積み
(のづらづみ)

自然石を加工せず、大きさや形が不揃いの石を積む技法。

☑ 切り込みハギ
(きりこみはぎ)

石を四角く切って隙間なく積んだ。加工石材を使うことで、間詰石が不要に。

☑ 打ち込みハギ
(うちこみはぎ)

切石を用い、石材の接合部分を加工して隙間を減らした積み方。

☑ 算木積み
(さんぎづみ)

石垣の隅部の石材を、長辺と短辺が交互になるように積んだ技法。同じ横幅の隅石を積んだ重ね積みも。

シリーズ 旅する日本百選②

名城を 訪ねる旅
西日本編

目次

岡山城

松江城

いま訪ねたい 日本の名城
−西日本編−

「名城を訪ねる旅」掲載一覧マップ

西日本編

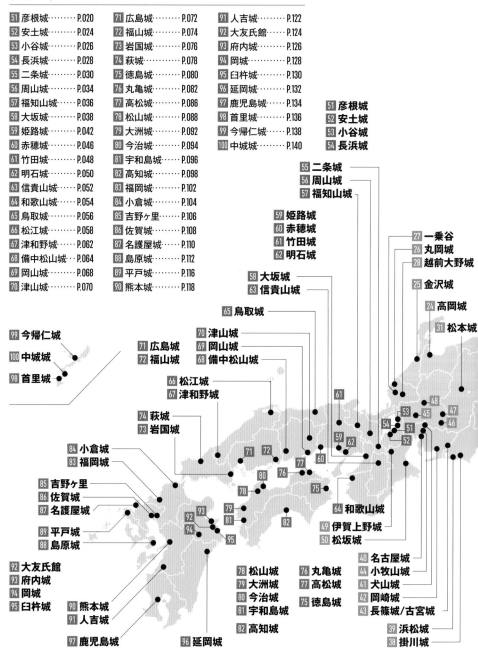

51 彦根城
52 安土城
53 小谷城
54 長浜城

55 二条城
56 周山城
57 福知山城

59 姫路城
60 赤穂城
61 竹田城
62 明石城

27 一乗谷
26 丸岡城
28 越前大野城

25 金沢城

24 高岡城

31 松本城

58 大坂城
63 信貴山城

65 鳥取城

99 今帰仁城
100 中城城
98 首里城

70 津山城
69 岡山城
68 備中松山城

71 広島城
72 福山城

66 松江城
67 津和野城

74 萩城
73 岩国城

84 小倉城
83 福岡城

85 吉野ヶ里
86 佐賀城
87 名護屋城

89 平戸城
88 島原城

92 大友氏館
93 府内城
94 岡城
95 臼杵城

90 熊本城
91 人吉城

97 鹿児島城

96 延岡城

78 松山城
79 大洲城
80 今治城
81 宇和島城
82 高知城

76 丸亀城
77 高松城
75 徳島城

64 和歌山城
49 伊賀上野城
50 松坂城

40 名古屋城
44 小牧山城
41 犬山城
42 岡崎城
43 長篠城/古宮城

39 浜松城
38 掛川城

● 02 **根室半島チャシ跡群**

● 01 **五稜郭**

● 03 **弘前城**

07 **久保田城**

04 **盛岡城**

22 **新発田城**

08 **山形城**

06 **多賀城**
05 **仙台城**

23 **春日山城**
33 **松代城**
32 **上田城**
34 **小諸城**
14 **箕輪城**

10 **二本松城**
09 **会津若松城**
11 **白河小峰城**

12 **水戸城**

13 **足利氏館**

18 **佐倉城**

15 **鉢形城**
17 **杉山城**
16 **川越城**

19 **江戸城**
20 **滝山城/八王子城**

21 **小田原城**

37 **山中城**

29 **武田氏館**
30 **甲府城**

36 **駿府城**

35 **高遠城**

45 **岐阜城**　　46 **岩村城**　　47 **苗木城**　　48 **郡上八幡城**

東日本編

01 ～ 50 の城は、好評発売中の『名城を訪ねる旅 東日本編』で紹介しています。

城郭考古学者・千田嘉博さんに聞く

歩けば歴史が見えてくる
いま訪ねたい西日本の名城

城郭研究の第一人者であり、本書監修の千田嘉博さんに、
西日本にある城郭の特色やおすすめの城について聞いた。

国宝の二の丸御殿がある
京都の二条城は必見!

　西日本の城はバラエティーに富んでいます。室町・戦国に激しい権力争いの舞台となった畿内、水運の要となってさまざまな城がつくられた中国・四国など、地域ごとに特色が異なります。さらに、西日本は武士だけでなく、村や町・宗教勢力も城づくりに関わっていたこともあり、城のつくり手が多様で、重層的でありました。西日本の多くの地域が石材に恵まれていたこともあり、戦国後期以降は石づくりの城が主流。土づくりの城が多い東日本と好対照です。

　京都や大阪など西日本の城は、歴史的に大きな役割を果たしました。なかでも、京都の二条城(→P30)は江戸幕府が完成させた姿を今でも見られる貴重な城です。国宝の二の丸御殿は、まさに書院造りの最高傑作。寛永年間に後水尾天皇ご行幸のためにつくられ、将軍の権威を示す意図もあって、贅を凝らしたつくりです。このような御殿を今も実際に見られるのはすばらしく、例えば、大名がどのようにして対面の儀式を行っていたのか……など思い描きながら鑑賞できます。二条城は歩くとキュッキュッと鳴る鴬張りの廊下が有名ですが、その構造の謎がわかる(床の下を覗ける)場所が実はあるんです。豪華さに感心するだけで

二条城

千田嘉博

1963年、愛知県生まれ。城郭考古学者・博士（文学）。名古屋市見晴台考古資料館学芸員、国立歴史民俗博物館助教授などを経て、現在は奈良大学文学部文化財学科教授。日本と世界の城を城郭考古学の立場から研究。城に関する著書、監修書も多数。

大坂城

なく、細かいところにも目を向けると、さらにおもしろいと思います。

信長や秀吉が築いた 天下人の城が見られる

　西日本の城の魅力は、なんといっても天下人の城が相次いであったことです。織田信長が築いた安土城（→ P24）は、石垣などが残るのみで建物は何も残っていませんが、天主台跡の礎石が残っていて、この上に地上6階地下1階の天主が立っていたというのを実感していただけます。信長が眺めた景色を見られるというのはすごく魅力ですよね。そして、大坂城（→ P38）。豊臣家が滅んだ後に徳川秀忠が全面的につくり直した城ですが、徳川の威信をかけた当時最新の城で、石垣のすごさは天下一品。大坂城では、切石を積み上げた石垣をご覧いただけます。現在見られるのは徳川大坂城のため、豊臣大坂城を体感できないジレンマが今までありましたが、秀吉が築いた大坂城の石垣を発掘して展示する、「大坂城豊臣石垣公開プロジェクト」が進んでいます。完成が楽しみですね。実現したら、全国のお城ファンが泣くと思いますよ。

城郭考古学者・千田嘉博さんに聞く

歩けば歴史が見えてくる
いま訪ねたい西日本の名城

城を訪ねることで
時代や社会が見えてくる

　家というものは、住んでいる人の人となりが見えてくるじゃないですか。城も同じで、築城した武将の人柄がでると思うんです。石垣や堀のつくり方、防御の仕方などあらゆる視点から城を鑑賞する中で、武将が見えてくる。そして、時代や社会も見えてくる。それが、城郭研究の本当のおもしろさだと思います。

　姫路城（→ P42）は池田輝政が徳川家康の命で築いた城です。当時は黒い下見板を使った天守が多かったのですが、姫路城は白漆喰の真っ白な天守。これは時代が変わったことの表れでもあります。ちなみに、姫路城を訪ねるなら冬の特別公開も狙い目です。ホームページでチェックしてみてください。

　それと、姫路城と同じく連立式天守で知られる松山城（→ P88）は、近年の発掘調査で中心部の当初の石垣が地下に埋まっていることがわかりました。そのような新事実を知ると、新しい視点で楽しめるのでおすすめです。

　沖縄のグスクも日本の歴史の多様性を知る上で、ぜひ旅したい城です。首里城（→ P136）の完成が16世紀ですから、江戸城をはじめ本州などの近世城郭の完成形より100年も早い時代に先進的な城を生み出していたんです。日本と東アジアの城づくりの知識が融合していて、いかに沖縄が文化や交流の要だったかがわかると思います。

松山城

そして、復旧工事中の熊本城（→P118）もぜひ。特別見学通路を設け、今まで見たことがなかった景色を楽しめるようになったのが本当に魅力的です。スロープやエレベーターなども整備し、誰もが気持ちよく鑑賞できる城となっています。修復中だからといって行くのをためらうのはもったいないことです。伝統工法と最先端の技術で修理されていく様子などから、城の整備とはどのようなものなのかを感じていただけると思います。

城下町散策や城が見える宿
城を中心とした旅の楽しみ

江戸時代の城は城下の町を整備していました。それぞれに独自の文化を育んでおり、江戸の文化を継承して今の都市になっています。そういうところには、おいしいお菓子があるんです。例えば、松江城（→P58）には茶道に

熊本城

造詣の深い藩主・松平治郷（不昧公）ゆかりの菓子がたくさんあって、当時の文化が脈々と受け継がれていることを感じます。

城旅の宿泊には、城を望むホテルがおすすめです。朝日、夕日、ライトアップ、月夜……と時間によって趣が変わる城を見ながら過ごすのは楽しいですよ。寝るのが惜しくなりますが（笑）。城までの道のりで歴史の痕跡を探したり、堀を舟で巡ったり。城そのものだけでなく、周辺の楽しみも年々広がっています。現地に行かなければ味わえない魅力を、ぜひ体感してみてください。

城郭ライター
×
お城博士ちゃん

私たちの名城の訪ね方
西日本編

萩原さちこさん

「お城は難しい」と思っていませんか。
大のお城好きとして知られる二人に、
お城巡りがおもしろくなる視点や、
旅行計画の立て方を聞いてみました。

城郭ライター
萩原さちこさん
東京都在住。小学2年生のとき城に魅了されて以来、城巡りを続ける。執筆業を中心に、各種メディアで活躍。日本城郭協会理事。

お城博士ちゃん
栗原響大くん
神奈川県在住。世界遺産好きの母と姫路城を訪れたことをきっかけに城好きになり、200以上の城を巡る。テレビにも多数出演。

立地や地形、
時代に城主…
着眼点はいろいろ

栗原響大くん

——西日本で印象に残っているお城はありますか。

栗原 やっぱり姫路城（→P42）ですね。「日本100名城」を知ってから、初めて行ったお城なんです。そこからお城巡りを始めて、どんどんハマっていきました。

萩原 世界遺産だもんね。姫路城の天守を見たら、みんな立ち止まって携帯で写真を撮る。説明のいらないすばらしさだよね。姫路からは赤穂も近いけど、赤穂城（→P46）は行きました？

栗原 行きました！ 兵庫では、明石城（→P50）も行きました。竹田城（→P48）以外は。

萩原 竹田城は遠いからね〜。竹田城は雲海の知名度がすごいし。

栗原 雲海を見るためには、お城じゃなくて、別の山に登らないといけないじゃないですか。

萩原 立雲峡（→P49）ね。でも、竹田城から見るのもいいなって思った。雲海が晴れると、お城がどんな場所に立っているのかわかる。やっぱり、どうでもいい場所にお城は造らない。時代が変わっても

城が使われ続ける場所は、その場所自体が軍事的・経済的に重要なんです。

栗原　大坂城（→P38）もそうですよね。海運に便利で、町もどんどん広げていけるような地形で、守りやすく攻めづらい。そこに大坂本願寺があって、続いて豊臣家、徳川家が城を造る。

萩原　ひとつの場所に違う時代のお城が共存していて、ドラマがあるのがすごくおもしろい。そういう意味では、備中松山城（→P64）はおすすめ。戦国時代、4つの峰にまたがる範囲まで巨大化するんだけれども、その4つの峰のうち、ひとつだけに石垣や天守ができて、近世城郭に変わっていく。

栗原　備中松山城に行ったとき、真田丸のオープニングに使われていた場所と石垣、現存の漆喰壁だけを見て、帰っちゃったんです。その後、奥に堀切りと橋があると知って、行っておけばよかった……と思いました。

萩原　そう、二重櫓の奥の道を下りていくと、すごく大きな堀切りがあって、その

先に中世のお城があるの。こういう地域の拠点だったお城は、城主が代わると姿も変わる。時間があれば全部直したい城の場合も、そんな悠長なことは言っていられないから、敵が来る方向だけを強化するとか、部分的にいじる。そうやって、誰がどこに手を入れたのか見るのがおもしろい。

栗原　「この築き方はあの武将だ」とか、わかってくるようになる。

萩原　戦いがあった場所が好きなら、島原城（→P112）とか、名護屋城（→P110）に行くのも楽しいかも。

栗原　名護屋城、行きたいですね。秀吉配下の築城名人たちが携わっていて、いろんな武将の個性が出ているのがいいなと思います。

萩原　そういう歴史ロマンもいいよね。徳川大坂城などの天下普請のお城であ

備中松山城

江戸時代の城の奥に進むと、急に戦国時代の城が現れるのがおもしろい！

この石垣を見たときの衝撃は、言葉では言い表せません

中城城

れば、いろいろな武将のお城の造り方が見られておもしろいね。沖縄は行ったことある？

栗原　沖縄は何回も行きました。沖縄の城には、すごく衝撃を受けましたね。カクカクとした石垣が好きだったんですけど、中城城（なかぐすくじょう）（→P140）を見て「ああ、もうこの石垣に惚（ほ）れた」となって。

萩原　わかる！（笑）　沖縄の城ならではの美しさだよね。風にたなびくカーテンみたいで。

栗原　沖縄には沖縄の歴史があって、それを知るとさらにおもしろいですよね。こっちは阿麻和利（あまわり）のお城で、こっちは尚（しょう）氏（し）のお城で……とか、特徴が違う。

萩原　沖縄は明治時代までひとつの国として発展してきたから、独特の歴史と文化があって、お城の系譜も違う。日本の本島よりも進んだ貿易をしていて、いろんな文化が入ってくる中で、独自の文化をつくっているのが素敵よね。

その城で起こった戦いを知ることで見えてくるもの

——萩原さんから栗原くんに、西日本で特におすすめの城はありますか。

萩原　鳥取城（→P56）とか。

栗原　ああ！　『センゴク』（宮下英樹による戦国時代を舞台にした漫画）に鳥取城攻めが出てきました。

萩原　秀吉が鳥取城攻めのときに本陣を置いた「太閤ヶ平（たいこうがなる）」が、とにかくおすすめ。

栗原　鳥取城から近いんですよね。

萩原　直線距離で1.3kmくらいだから、鳥取城と一緒に回れる。一時的な陣城とは思えない造りで、曲輪や堀、土塁が広範囲によく残っているの。

栗原　鳥取城の戦いは、すごく悲惨な戦いなんですけど……兵糧攻めにした

のはなんでだろうとか、考えながら見るといいのかなと思います。

萩原　戦いを思うとつらくなるけど、想像を膨らませながら現地を歩くと、よりおもしろいとは思います。鳥取城の周りには、鳥取城を攻めるためのお城がたくさんある。有名なお城を単体で見るだけでなく、関連する周りのお城も一緒に見ていくと、もっとお城をよく理解できる。

栗原　いかにお城が奥深いか、わかりますよね。

萩原　お城は奥深い、本当に！　重要なお城を先に攻略したりとかするわけですよ。名も知れぬお城がけっこう重要だったりするし、長く持ちこたえた城がすごいということでもない。

栗原　東日本でいうと、山中城と韮山城は、韮山城の方が長く持ちこたえたけど、山中城の方が重要だったからすぐ敵に落とされたんですよね。

鳥取城

どうして秀吉は、鳥取城を
兵糧攻めにしたんだろう？

萩原　そうそう、そうなんです。戦いって相撲みたいに一対一でやるものじゃないし、サッカーみたいにフェアでもない（笑）。いろんな駆け引きがあって、時には汚い手も使う。いかに自分の兵を失わずに城を取っていくか。戦国期のお城は、そういう視点をもって見るとおもしろいかもしれませんね。

下調べは入念に！
地図を頭に入れておく

——お城巡りをするときは、どのように計画を立てていますか。

萩原　効率よく、できる限り多くの城を回りたいと思う方が多いと思います。そのためには、下調べが大事です。

栗原　日本100名城のスタンプを押す場所の営業時間は調べておいた方がいい。

萩原　見学の所要時間とアクセス、資料館を見たい人は営業時間をチェックしておく。カーナビで出ない城もあるので、場所はしっかり調べる。調べられることは調べて時間を無駄にしないように。

栗原　できるだけお城を見るためには、昼ごはんも削らないと（笑）。

萩原　そうそう（笑）。食事時間を削るのも計画的にしないと。前もって食べ物を買っておくにも、コンビニはないところには本当にないので……。食を楽しみたいなら、なおさら飲食店の営業時間をしっかり調べておくのが大事ですね。

栗原　お城を見学する時間は、インターネットで調べて、そこに書いてある所要時間プラス1時間半くらい。

萩原　プラス1時間半欲しいね（笑）。見どころがどれくらいあるか本で調べたり、行ったことのある城と規模を比べたりして、見学時間の目星をつけます。あと、地形図は必ず見ていきますね。インターネットに無料で公開されている国土地理院の地形図に、行く城やそれに関連する城をマッピングします。航空写真を見ておくとよりいいです。

栗原　地図で地形や川の位置を見て、そこからお城につながる何かがあれば調べるようにしています。

松江城

名物や郷土料理、銘酒も城や城下町と密接しているんです

——お城のグッズは集めていますか。

萩原　私は、お酒を集めています。ボトルが天守の形をしていたり、ラベルに城が描いてあったりするものもあります。城下町の酒蔵巡りもします。松江には松江城（→P58）から譲り受けた土蔵で造られたお酒がある。これは、すなわち松江城で造られたお酒だなと思って、買わずにはいられない（笑）。常にスーツケースにはお酒が2本くらい入るようにしています。

栗原　バッジやキーホルダーはたまに買って、リュックにつけています。お城好きの人と会うとき、話のきっかけになります。

萩原　御城印は、資料館や管理団体が独自に販売していることが多く、買うことでお城の保存に貢献できます。かさばらないから収集しやすいし、地元の紙を使っていたり、歴代城主の家紋が入っていたりと勉強になる。海外向けのおみやげにもなるポテンシャルがあると思います。

——ありがとうございました。

本書の見方

時代と地域を代表する名城を、写真とともに2ページから4ページで紹介する。

アイコン

国　宝 … 現在、全国で5城が
国宝に指定されている。

現存天守 … 江戸時代以前に築かれ、
現在まで残っている天守。
全国に12城しかない。

データ

城のなりたち、所在地や問い合わせ先、アクセスなどを掲載。

主な城の形式
平城（ひらじろ）…平地に築かれた城
山城（やまじろ）…山に築かれた城
平山城（ひらやまじろ）…平野の丘陵に築かれた城

御城印

訪城記念として人気の「御城
印」は、城の資料館や周辺の観
光案内所、物産館などで販売。
家紋や花押など城に関連する
デザインにも注目。詳細はP142
で紹介。

千田嘉博のひとこと解説

千田嘉博先生による
ワンポイント解説。

Topics&立ち寄りスポット

城の歴史が学べる資料館やご
当地グルメ、土産店など、城周
辺のおすすめスポットを掲載。

※本書の掲載情報は2021年8月現在のものです。その後、各施設の都合により変更される場合がありますので、予めご了承ください。
※見学時間は特記以外原則として開館〜閉館です。
　また、年末年始や臨時休業を省略している場合がありますので、お出かけ前にご確認いただくことをおすすめします。
※アクセスの所要時間はあくまで目安としてお考えください。
※掲載している金額は原則として一般料金、一部を除き税込価格です。

いま訪ねたい 日本の名城

―西日本編―

51

小ぶりながら工夫が凝らされた現存天守

彦根城

ひこねじょう

国　宝
現存天守

周囲の城や寺社から資材を集めて建設

　江戸時代初期に、徳川家康の命令で譜代大名の井伊氏が築き、十四代にわたって住んだ城。それまで井伊氏が居城としていた佐和山城は山城であり、城下町の経営や水運に不便だった。そのため、東と南に平地が広がる琵琶湖畔の金亀山を、彦根城の建設地に選んだ。慶長9（1604）年より、周辺の城や寺社から資材を集めて建設し、2年弱で天守が完成。城郭全体は元和8（1622）年にできあがった。南北に長い山の上に直線的に曲輪を配置し、琵琶湖の水を引き入れた堀で三重に囲った平山城だった（現在は内堀と中堀のみが残る）。

　現存十二天守のひとつであり、大津城から移築した天守は、切妻破風・入母屋破風・唐破風を織り交ぜた屋根や、寺社建築由来の花頭窓が美しい。天守には「破風の間」と呼ぶ部屋や、外から見えないように漆喰で塗り固め、戦闘時に突き破って使う「隠し狭間」があり、実戦面でも優れていた。

千田嘉博のひとこと解説

「天空の馬出し」を用いた名城。『井伊年譜』が記した「川中島城（松代城）に似た」というのは、山城に馬出しを巧みに取り込んだことを指した。

1

2

DATA	別名	金亀城		TEL	0749・22・2742
	所在地	滋賀県彦根市金亀町1-1		料金	800円(玄宮園と共通)
	築城年	慶長9(1604)年		見学時間	8:30〜17:00(天守は最終入場16:45)
	築城者	井伊直継・直孝		休み	なし
	形式	平山城		アクセス	JR「彦根」駅から徒歩約15分

御城印情報 ◉ P142

3

4

1.彦根城の天守は国宝に指定されている。明治時代に取り壊す予定だったが、明治天皇の指示で保存することになった。2.天守のライトアップが毎日行われる。3.紅葉の見頃は11月中旬から12月上旬頃。4.冬は雪が積もることもある。

美しい白壁の
城門や櫓が
数多く現存する

西の丸三重櫓
にしのまるさんじゅうやぐら

搦手から迫る敵を
迎え撃つ守りの要

西の丸の北西隅に立ち、出
曲輪との間の堀切りに面し
た三重櫓。三重櫓の上から
は、搦手（城の裏手）や琵琶
湖を見渡すことができる。

太鼓門櫓 たいこもんやぐら

合図を送る太鼓を置いたと伝わる

本丸の正面にある櫓門。建物の背面を
開放し、高欄付きの廊下とした珍しい構
造になっている。城内に合図を出すため
の太鼓を置いたことが名前の由来とい
う説がある。

天秤櫓 てんびんやぐら

二方向へにらみをきかせる

大手門・表門から鐘の丸へ至る道の合
流点にある。中央に門があり、両隅に二
重櫓が立つ姿が天秤のように見えること
が名前の由来。戦のときは、櫓前の堀切
りにかかる廊下橋を破壊して侵入経路
を断つ。

旅情を味わうモデルコース

彦根城周辺には井伊家ゆかりの地や大名庭園などが点在。
彦根藩三十五万石の城下町として栄えた町並みを歩こう

玄宮園
げんきゅうえん

変化に富んだ景色を
楽しめる回遊式庭園

延宝5（1677）年、彦根藩四代
藩主・井伊直興（なおおき）が
造営。彦根城二の丸御殿「楽々
園」が隣接する。国指定名勝。

☎0749・22・2742 ⊕彦根市金亀町3-
40 ⊗8:30〜17:00 ⊛無休 ✿一般
800円（彦根城と共通）

埋木舎
うもれぎのや

井伊直弼が
文武の修練に励んだ

彦根藩十三代藩主・井伊直
弼が17〜32歳まで過ごした
屋敷。邸内には茶室・澍露軒
（じゅろけん）が残る。

☎0749・23・5268 ⊕彦根市尾末町1-
11 ⊗9:00〜17:00（最終入館16:30）
⊛月（祝日の場合翌日）、12/20〜2月
末 ✿一般300円

近江肉せんなり亭 伽羅
おうみにくせんなりてい きゃら

味わい深い
近江牛料理が評判

日本最高級のブランド和牛・近
江牛を味わえる食事処。すき焼
き鍋御膳や新・肉鉄火丼御膳
など、多彩な料理を揃える。

☎0749・21・2789 ⊕彦根市本町2-1-
7 ⊗11:30〜14:30（LO）、17:00〜
20:30（LO）⊛火

いと重菓舗 本店
いとじゅうかほ ほんてん

江戸時代創業の老舗が
手掛ける彦根銘菓

文化6（1809）年創業の菓子店。
「埋れ木」「彦根路」など趣向を
凝らした和菓子が充実。季節
商品や洋菓子も販売。

☎0749・22・6003 ⊕彦根市本町1-3-
37 ⊗8:30〜18:00 ⊛火

Model Course

JR彦根駅
↓ 徒歩15分
彦根城
↓ 徒歩10分
玄宮園
↓ 徒歩7分
埋木舎
↓ 徒歩10分
近江肉せんなり亭 伽羅
↓ 徒歩2分
いと重菓舗 本店
↓ 徒歩15分
JR彦根駅

Topics

豊富な史料を
収蔵する
「彦根城博物館」

彦根城表御殿跡地に
あり、彦根の歴史・文
化について解説する。
井伊家ゆかりの古文
書や美術工芸品など
を展示。復元した表
御殿や江戸時代の能
舞台も見られる。彦
根市金亀町1-1。

52

わずか数年で失われた幻の城

安土城

あづちじょう

山腹から山頂へと向かう大手道。沿道に家臣の屋敷が並んでいた

千田嘉博のひとこと解説
信長が目指した社会の姿を物語る城。

日本初の天守を備え
信長の威信を示した

東海地方から畿内を攻略した織田信長が、天下統一へ向けての過程で築いた城。琵琶湖東岸にそびえる標高199mの安土山に立つ。その前の本拠である岐阜城よりも京に近く、北陸・東海へと続く街道が交わる要所であった。

天正4(1576)年から城の建設が始まり、同9(1581)年に完成。当時、山頂には五重七階のきらびやかな天主が立っていた。

しかし、城の完成からわずか1年弱の同10(1582)年に本能寺の変が起こり、信長は自害。その後まもなくして、安土城も火災で焼失した。現在は、大手道や石垣などが復元してある。国の特別史跡に指定されている。

DATA	別名	なし		TEL	0748・46・6594
	所在地	滋賀県近江八幡市安土町下豊浦		料金	700円
	築城年	天正4(1576)年		見学時間	8:30～17:00(最終入場16:00、季節により異なる)
	築城者	織田信長		休み	なし
	形式	山城		アクセス	JR「安土」駅から徒歩約20分

1

2

3

1.碁盤の目状に礎石が並ぶ天主跡。2.杉に囲まれた本丸跡。ここから階段を上ると天主にたどり着く。3.主郭部から西の尾根伝いに城下へと下りる道にある摠見寺（そうけんじ）。織田氏の菩提寺で建物は甲賀郡から移築した。三重塔と二王門が現存し、国の重要文化財。協力摠見寺。

Topics

城郭資料が豊富な「滋賀県立安土城考古博物館」

考古と城郭をテーマにした歴史博物館。第二常設展示室では中世城郭の観音寺城跡、近世城郭の安土城跡について解説。近江八幡市安土町下豊浦6678。

おすすめ立ち寄りスポット

セミナリヨ跡（推定地）

せみなりよあと

信長の庇護を受けた宣教師・オルガンチノによる日本初のキリスト教学校。近江八幡市安土町下豊浦。

まけずの鍔本舗 万吾樓

まけずのつばほんぽ まんごろう

明治43(1910)年創業。信長愛刀の鉄鍔を模した「まけずの鍔」など。JR「安土」駅前。近江八幡市安土町常楽寺420。

浅井長政と織田信長の戦いの地

53 小谷城

おだにじょう

本丸跡に残る石垣

千田嘉博のひとこと解説
大規模だが分立的な造りに浅井氏の限界も垣間見える。

浅井氏三代が居城とした
戦国期最大規模の山城

　16世紀、標高約495mの小谷山に、浅井亮政が築いた山城。西に高時川、南に姉川が流れ、背後に伊吹山地がそびえる自然の要害である。天正元(1573)年に織田信長に滅ぼされるまで浅井氏三代の居城であった。その後、小谷城は羽柴(豊臣)秀吉に与えられたが、秀吉が長浜城に移ったため廃城となった。

　南北に延びる尾根に沿って曲輪が並んでおり、その土塁や石垣がよく残っている。本丸北に巨大な堀切りがあり、城郭を二分していた。尾根の西に深く切り込んだ清水谷には、浅井氏一族と家臣の山麓屋敷や寺院があった。清水谷を挟んだ向かいの尾根には、城を守るための砦が点在していた。

DATA	別名	なし	TEL	0749・53・2650（長浜観光協会）
	所在地	滋賀県長浜市湖北町伊部	料金	無料
	築城年	大永5(1525)年頃	見学時間	見学自由
	築城者	浅井亮政	休み	なし
	形式	山城	アクセス	JR「河毛」駅から徒歩約30分

御城印情報 ● P142

長浜市提供

1

3

Topics

小谷城を学べる「小谷城戦国歴史資料館」

小谷山の麓にあり、浅井氏と小谷城を中心とした史料を収蔵・展示している。小谷城の絵図や復元イラストなどが見られる。長浜市小谷郡上町139。

1. それぞれの曲輪は土塁や切岸（人工の崖）で守られており、随所にその遺構を見ることができる。2. 小谷城で最も広い曲輪である大広間へ至る石段の道。「黒金門」と呼ばれる門が存在していた。3. 南の上空から見た小谷山。城からは、琵琶湖や湖北平野を一望できる。

おすすめ立ち寄りスポット

小谷寺 おだにじ

浅井氏三代の祈願寺。小谷城が落城した際に焼失したが、その後、秀吉が再建した。長浜市湖北町伊部329。

須賀谷温泉 すがたにおんせん

浅井長政と妻のお市の方が湯治に通ったと伝わる名湯。露天風呂もあり、日帰り入浴も可。長浜市須賀谷町36。

54

秀吉の出世街道の第一歩
長浜城

ながはまじょう

長浜市長浜城歴史博物館提供

現在、立っているのは模擬天守

旧浅井領を得て築いた
琵琶湖畔の水城

　織田信長と浅井長政の戦いで活躍し
た木下藤吉郎は、天正元（1573）年に浅
井氏の領地の大部分を与えられ、羽柴
秀吉と名乗り始めた。翌年、湖北平野の
琵琶湖沿岸部に位置する今浜に城の建
設を始める。同4（1576）年に城が完成す
ると、地名を「長浜」と改めた。

　同10（1582）年、本能寺の変後に行わ

れた織田氏の重臣会議「清須会議」で、
秀吉は柴田勝豊に長浜城を譲渡した
が、すぐに奪還した。

　豊臣氏が滅亡すると、長浜城は取り
壊され、石垣などが彦根城の建設に使わ
れた。現在の天守は、昭和58（1983）年に
犬山城や伏見城を参考にして再興され
たものである。

DATA				
別名	なし	☎	0749・63・4611(長浜市長浜城歴史博物館)	
所在地	滋賀県長浜市公園町10-10	料金	410円	
築城年	天正2(1574)年	見学時間	9:00～17:00(最終入場16:30)	
築城者	羽柴秀吉	休み	年末年始、ほか臨時休館あり	
形式	平城	アクセス	JR「長浜」駅から徒歩約7分	

1

2

3

1.3月下旬～4月中旬には、天守を囲むように桜が咲き、花見客でにきわう。2.琵琶湖畔に立ち、湖水を利用した水城であった。3.秀吉時代の貴重な遺構と伝わる太閤井跡。湖の水位が下がると、井戸の石組が現れ、近くまで行くことができる。

Topics

秀吉と長浜について学べる「長浜城歴史博物館」

天守内部の歴史博物館では、秀吉や長浜に関する資料などを見られる。5階は湖北を見渡せる展望台。耐震補強等改修工事のため、令和4(2022)年3月まで休館。

おすすめ立ち寄りスポット

黒壁スクエア

くろかべすくえあ

旧第百三十国立銀行長浜支店を利用したガラス館を中心に、買い物や手作り体験を楽しめる。長浜市元浜町12-38。

長浜太閤温泉 浜湖月

ながはまたいこうおんせん はまこげつ

琵琶湖を一望できる展望風呂が人気。鉄分を含んだ温まりの湯でリラックス。長浜市公園町4-25。

55 二条城

徳川家の権威を示す

にじょうじょう

徳川家の栄枯盛衰と
日本の歴史を見守る

慶長8(1603)年、徳川家康が天皇の住む京都御所の守護と、将軍が上洛する際の宿泊所として築城。将軍不在時は、幕府の役人が滞在し、警備をした。

三代将軍家光の時代、後水尾天皇の行幸に伴い、城域を西へ広げ、本丸御殿を造営。二の丸御殿については、幕府の御用絵師・狩野派による障壁画などを数多く加えた。また、当時の作事奉行だった小堀遠州のもとで改修した二の丸庭園は、二の丸御殿の大広間、黒書院、行幸御殿の三方向から鑑賞できるように工夫されている。

そして、十五代将軍慶喜が「大政奉還」の意思の表明を行ったのも二条城(二の丸御殿)である。二条城は江戸幕府の始まりから終わりまでを見届けた。

江戸時代中期に火災や落雷によって本丸御殿や天守が焼失したが、二の丸御殿や唐門は残っている。二の丸御殿は、国内の城郭に残る唯一の御殿群として国宝に指定されている。

平成6(1994)年にはユネスコの世界文化遺産に登録された。

千田嘉博のひとこと解説

現在の姿は寛永行幸のために徳川秀忠・家光が整えたもの。二の丸御殿は書院建築の代表例。二の丸御殿とセットになった二の丸庭園もすばらしい。

1

2

DATA	別名	元離宮二条城		TEL	075・841・0096
	所在地	京都府京都市中京区二条通堀川西入二条城町541		料金	1030円(二の丸御殿と共通)
	築城年	慶長8(1603)年		見学時間	8:45〜17:00(最終入場16:00)
	築城者	徳川家康		休み	12/29〜31(二の丸御殿は1・7・8・12月の火、1/1〜3、12/26〜28)
	形式	平城		アクセス	京都市営地下鉄「二条城前」駅からすぐ

御城印情報 ● P142

1. 国内の城郭に残る貴重な御殿群で、国宝に指定されている二の丸御殿。2. かつて五重六階の天守があった天守跡。3. 明治時代に京都御所から移築した本丸御殿は修理中。令和5(2023)年度に完了予定。4. 国の特別名勝である二の丸庭園。

桃山文化の粋を集めた絢爛な建造物

唐門 からもん

二の丸御殿へ至る豪華絢爛な門

後水尾天皇の行幸に合わせて造った二の丸御殿の正門。平成25（2013）年の修復工事によって、「松竹梅に鶴」や「唐獅子」などの極彩色の彫刻がよみがえった。重要文化財。

東大手門 ひがしおおてもん

来城者を迎える巨大な正門

二条城の正門にあたる、二階建ての櫓門。後水尾天皇の行幸の際は、天皇を見下ろさないように、一重に建て替えたという。現在の門は、寛文2（1662）年の建築で、平成29（2017）年に修理が完了。重要文化財。

東南隅櫓 とうなんすみやぐら

美しい白壁の防御施設

外堀の四隅に造った見張り用の隅櫓のひとつ。一階の屋根に千鳥破風がのっている。平時は武器庫として使った。二条城には櫓が9棟あったが、東南隅櫓と西南隅櫓以外は天明8（1788）年に焼失した。重要文化財。

旅情を味わうモデルコース

二条城周辺の由緒ある地を巡るコース。
京都に息づく歴史や文化を体感したい

平安神宮

へいあんじんぐう

平安神宮提供

平安京朝堂院を模した
壮麗な社殿は必見

明治28（1895）年、平安遷都
1100年記念で京都市民の総社
として創建。祭神は桓武天皇、
孝明天皇。美しい庭園がある。

☎075・761・0221 ⊕京都市左京区岡
崎西天王町97 🕐6:00〜18:00（神苑は
8:30〜）※季節により異なる 🈺10/22
午後 💰無料（神苑は一般600円）

京都御所

きょうとごしょ

広大な京都御苑の
中央に位置する

中世から明治維新までの天皇
の住まい。現在の建物は安政2
（1855）年に再建したもの。

☎075・211・1215（宮内庁京都事務所
参観係）⊕京都市上京区京都御苑
内 🕐9:00〜17:00（最終入場16:20）
※季節により異なる 🈺月（祝日の場
合翌日）、12/28〜1/4ほか 💰無料

神泉苑

しんせんえん

神泉苑提供

京都最古の庭園で
四季の移ろいを体感

平安京造営にあたり大内裏の
南側に築かれた苑池で、天皇や
公家の御遊地だった。当時の敷
地は現在の15倍以上であった。

☎075・821・1466 ⊕京都市中京区
門前町167 🕐8:00〜20:00（寺務所は
9:00〜16:30）🈺無休 💰無料

京都三条会商店街

きょうとさんじょうかいしょうてんがい

多彩な専門店が並ぶ
アーケード街

大正3（1914）年に誕生。千本通
と堀川通を結ぶ全長800mの
通りに、バラエティー豊かな店
舗が約190軒並ぶ。

☎075・811・4472（京都三条会商店街
振興組合）⊕京都市中京区（堀川三
条〜千本三条）🕐🈺店舗により異なる

Model Course

地下鉄東山駅

↓ 徒歩10分

平安神宮

↓ 徒歩20分

京都御所

↓ 徒歩15分

二条城

↓ 徒歩5分

神泉苑

↓ 徒歩7分

京都三条会商店街

↓ 徒歩5分

地下鉄二条城前駅

Topics

**二条城内の
茶室「和楽庵」で
安らぎの時間を**

和楽庵は、高瀬川の
船溜所「高瀬川一之
船入」にあった角倉
了以（すみのくらりょ
うい）邸の一部と、そ
の庭園の池石をもと
に造られた建物。庭
園を眺めながら、抹
茶やコーヒー、甘味な
どを味わえる。

明智光秀の築城技術が光る

56 周山城

しゅうざんじょう

小姓郭北側では状態のよい石垣が見られる

千田嘉博のひとこと解説
光秀の城を読み解く鍵を握る。
天主跡が本丸に残る。

険しい山の上に築いた
総石垣の巨大な城

明智光秀が宇津氏を攻略した後、宇津城を改築して造り、東丹波の支配拠点とした城とされる。京と若狭を結ぶ周山街道が通り、桂川の水運も利用できる、水陸の交通の要衝だった。

周山城は、弓削川と大堰川が合流して桂川となる地点の西に位置する、標高約481mの山上にある。尾根に沿って放射状に曲輪を配置し、壮大な石垣で固めている。そして、登り石垣でそれぞれの曲輪を結ぶ。

この石垣造りの城から二本の堀切りを挟んで西側には、同時期に築いたと思われる土造りの城がある。広大な城域をもち、天正9(1581)年8月には光秀がこの城で月見の宴を開いた。

DATA	別名	竜ヶ城、臥龍城	TEL	075・366・1498（京都市文化市民局文化芸術都市推進室文化財保護課）
	所在地	京都府京都市右京区京北周山町城山	料金	無料
	築城年	天正7(1579)年頃	見学時間	見学自由
	築城者	明智光秀	休み	なし
	形式	山城	アクセス	JR・近畿日本鉄道・京都市営地下鉄「京都」駅からバスにて約1時間20分、バス停「周山」から徒歩約40分

御城印情報 ● P142

1

2

3

1. 尾根に沿って延びる二の丸。2.本丸西に設けた階段の先の食い違い出入口。侵入者の視界を遮り、横矢を射かけることができる。3.東の上空から見た城山の様子。陸海の交通の要衝であり、中国地方に勢力を広げていた毛利氏を意識した立地である。

Topics

明智光秀ゆかりの寺「慈眼寺」

周山城の麓にある慈眼寺には、明智光秀墨塗りの黒坐像「くろみつ大雄尊」が祀られている。土・日・月は拝観可（ほかは予約対応）。京都市右京区京北周山町上代4。

おすすめ立ち寄りスポット

料理旅館 すし米 りょうりりょかん すしよね

創業100年を超える老舗。会席料理が評判で食事のみの利用可。京都市右京区京北周山町下ケ市15-2。

道の駅 ウッディー京北 みちのえきうっでぃーけいほく

京都市京北産の新鮮な野菜を販売。地元食材を味わえる食事処も。京都市右京区京北周山町上寺田1-1。

57

明智光秀の丹波支配の拠点

福知山城

ふくちやまじょう

昭和61(1986)年に竣工した天守

寺社から集めた石で
築いた石垣に注目

丹波の攻略に成功し、織田信長から丹波の支配を任された明智光秀が、天正7(1579)年に築いた。由良川に面した丘陵を利用した平山城で、さらに西へと支配を広げていくための布石であった。

光秀の死後、福知山城は羽柴秀長などさまざまな大名の管理下に置かれ、寛文9(1669)年以降は常陸国土浦から転封してきた朽木氏が十三代にわたって城主を務めた。

明治時代初期、城はほとんど取り壊された。天守台の石垣は築城当時のものが残っており、寺院から集めた五輪塔や墓石などの転用石を多く使用している。三層四階の天守は、昭和61(1986)年に再建したもの。

DATA	別名	臥龍城ほか	TEL	0773・23・9564
	所在地	京都府福知山市字内記5	料金	330円
	築城年	天正7(1579)年	見学時間	9:00〜17:00(最終入場16:30)
	築城者	明智光秀	休み	火(祝日の場合翌日)、12/28〜31、1/4〜6
	形式	平山城	アクセス	JR・京都丹後鉄道「福知山」駅から徒歩約15分

御城印情報 ● P142

2

1   3

1.天守台の石垣は転用石を多用した野面積み。増築の跡も残る。
2.天守の東には豊磐井(とよいわのい)がある。深さは約50mで、城郭本丸の井戸としては日本有数の深さ。3.二ノ丸の登城口にあった銅門番所(あかがねもんばんしょ)。移築された城門とともに福知山城の遺構として現存。

Topics

明智光秀を祀る「御霊神社」

宝永2(1705)年に福知山城下に創建。宇賀御霊大神と明智光秀が祀られている。境内には「叶石(かなえいし)」と呼ばれる岩がある。福知山市西中ノ町238。

おすすめ立ち寄りスポット

福知山城公園 ふくちやまじょうこうえん

福知山城跡は公園として整備されており、福知山市出身の日本画家、佐藤太清の美術館などがある。

ゆらのガーデン ゆらのがーでん

福知山城の麓のナチュラルガーデン内に7つのショップが集まり、食事や買い物を楽しめる。芝生広場もある。

58

豊臣氏と徳川氏の戦いの舞台

大坂城

おおさかじょう

織田から豊臣、徳川へ
時代の推移が刻まれた城

11年にわたる本願寺との合戦を経て、織田信長は大坂本願寺を立ち退かせた。信長の死後、その遺志を継いだ豊臣秀吉は、大坂本願寺の跡地に大坂城を築く。天正11（1583）年から約15年をかけて完成した。城下を流れる淀川は天然の堀であり、京都や大阪湾に通じる水運路でもあった。

豊臣軍と徳川軍が戦った慶長19（1614）年の大坂冬の陣の後、秀吉の子・秀頼は和睦条件として大坂城の堀の埋め立てに同意。同20（1615）年、和睦を破棄して徳川軍が仕掛けた大坂夏の陣で、豊臣氏は滅亡する。これによって大坂城も焼失した。

元和6（1620）年、江戸幕府二代将軍秀忠は、豊臣期の大坂城の遺構に盛り土をして、その上にまったく新しい大坂城を建設。しかし、この天守は寛文5（1665）年の落雷で焼失し、ほかのほとんどの建物も明治維新期に失われた。

現在の天守は、昭和6（1931）年に建設したもの。徳川期の天守台の上に、豊臣風の望楼型天守がのっている。

千田嘉博のひとこと解説

徳川秀忠が現在の大坂城を築かせた。秀忠には完成後に大坂城で暮らす構想があったが実現しなかった。豊臣大坂城時代の石垣を展示する「大坂城豊臣石垣公開プロジェクト」が広く協力を募っている。

1

2

DATA	別名	錦城、金城
	所在地	大阪府大阪市中央区大阪城1-1
	築城年	天正11(1583)年、元和6(1620)年
	築城者	豊臣秀吉、徳川幕府
	形式	平山城
	TEL	06・6941・3044

料金	600円
見学時間	9:00〜17:00(最終入場16:30)
休み	12/28〜1/1
アクセス	JR「大阪城公園」駅・「森ノ宮」駅または 大阪メトロ「谷町四丁目」駅から徒歩約15分

©大阪城天守閣

3

4

1. 昭和初期に建設された天守。平成9(1997)年に大規模な改修工事が完了。復興当時の輝きを取り戻した。2.大阪城公園の桜は、3月下旬〜4月上旬が見頃。3.11月上旬〜12月上旬は紅葉が美しい。4.毎日、日没から24：00までライトアップが行われる。

豊臣と徳川
それぞれの
時代の痕跡

千貫櫓 せんがんやぐら

信長も攻めあぐねた
大手門を守る櫓

大手門の北側に立つ二層の
隅櫓。その原型は大坂本願
寺の時代からあり、信長が
「あの櫓を落とした者には千
貫を与える」と言ったことが
「千貫櫓」の由来という。昭
和36(1961)年に解体修理。

桜門 さくらもん

本丸へ入る正面出入口

本丸の正門にあたる門。豊臣期に、門の
付近に桜並木があったことが由来とい
う。戊辰戦争によって焼失したが、明治
20(1887)年に陸軍が徳川期の姿に復元
した。昭和44(1969)年に解体修理。

蛸石 たこいし

訪れる者を威圧する巨石

権力を示すため、桜門の枡形正面に設置
した「鏡石」。高さ5.5m、幅11.7m、重さ約
108tもの大きさを誇る。岡山藩主の池田
氏が、自国の犬島で切り出し、運んでき
たものだという。石の左端に蛸の姿に見
える鉄分のシミがあるのが名称の由来。

旅情を味わうモデルコース

都市公園として整備され、見どころ豊富な大坂城跡。
天守を見た後は、歴史的建造物や商業施設などにも立ち寄りたい

JO-TERRACE OSAKA
じょーてらす おおさか

和モダンな複合施設が
公園のエントランスに

JR大阪城公園駅に直結する複合施設。飲食店を中心に約20店舗が入り、ひと休みに最適。観光案内所も併設している。

☎06・6314・6444(代表) ⓐ大阪市中央区大阪城3-1 ⓔⓗ店舗により異なる

MIRAIZA OSAKA-JO
みらいざ おおさか じょー

歴史ある洋館で
食事や買い物を満喫

昭和6(1931)年に完成した第四師団司令部庁舎を利用。レストランやカフェ、大阪土産を販売するショップなどがある。

☎06・6755・4320(代表) ⓐ大阪市中央区大阪城1-1 ⓔⓗ店舗により異なる

大阪歴史博物館
おおさかれきしはくぶつかん

(公財)大阪観光局提供

大阪の歴史を
楽しく学べる

10～7階では、常設展示として古代、中世・近世、近代・現代の大阪の歴史を紹介する。

☎06・6946・5728 ⓐ大阪市中央区大手前4-1-32 ⓒ9:30～17:00(最終入館16:30) ⓗ火(祝日の場合翌日)、12/28～1/4 ⓨ一般600円

玉造稲荷神社
たまつくりいなりじんじゃ

秀頼奉納の鳥居が立つ
豊臣家ゆかりの古社

垂仁天皇18(紀元前12)年創祀と伝わる。豊臣時代には大坂城の鎮守社であり、秀吉、秀頼、淀殿らが茶会を催したという。

☎06・6941・3821 ⓐ大阪市中央区玉造2-3-8 ⓒ見学自由(社務所は9:00～17:00) ⓗ無休

Model Course

JR大阪城公園駅
↓ 徒歩すぐ
JO-TERRACE OSAKA
↓ 徒歩15分
大坂城・大阪城天守閣
↓ 徒歩すぐ
MIRAIZA OSAKA-JO
↓ 徒歩12分
大阪歴史博物館
↓ 徒歩15分
玉造稲荷神社
↓ 徒歩5分
JR森ノ宮駅

Topics

大阪の名所を
「水上バス」から
眺める

水上から中之島や大坂城周辺のランドマークを楽しめる「大阪水上バス・アクアライナー」。大阪城港から出航し、大川(旧淀川)を周遊する。11:00～16:15(45分間隔で出航)。所要時間約40分、一般1600円。

59

日本で初めて世界遺産となった城

姫路城

ひめじじょう

国　宝
現存天守

家康の命で改修された
大坂包囲網の一角

　関ヶ原の戦い後、豊臣氏との決戦に備えて、徳川家康が娘婿の池田輝政に築かせた。南北朝時代、同地に赤松貞範が築き、羽柴秀吉が改修した城を基礎としている。

　五重七階の大天守に、3つの小天守をつなげた連立式天守。白漆喰で塗り固めた天守群が、翼を広げた白鷺のように見えることから、「白鷺城」の異名がついたとされる。

　元和3（1617）年に城主となった本多忠政の嫡男・忠刻に、徳川家康の孫である千姫が嫁いでおり、忠政は忠刻と千姫のために新しく西の丸を築いた。

　その後、城主が幾度も入れ替わる。明治時代に入り存城とされたものの、建物の腐朽がはなはだしく、陸軍の中村重遠大佐の進言によって、姫路城の補修が行われることとなった。

　平成5（1993）年、法隆寺などとともに日本初の世界遺産となる。平成27（2015）年には、大天守の保存修理が完了した。

姫路市提供

千田嘉博のひとこと解説

日本の城を体感するのに最も適した城。何度訪ねても新たな発見がある。城とセットになった効果的なガイダンス施設の設置が期待される。

1

2

DATA	別名	白鷺城		電話	079・285・1146（姫路城管理事務所）
	所在地	兵庫県姫路市本町68		料金	1000円
	築城年	正平元(1346)年		見学時間	9:00～17:00(最終入場16:00)
	築城者	赤松貞範		休み	12/29・30
	形式	平山城		アクセス	JR「姫路」駅・山陽電車「山陽姫路」駅から徒歩約20分

御城印情報 ● P142

3

4

1.屋根瓦は灰色だが、継ぎ目に白い漆喰が塗られ、角度によっては屋根まで純白に見える。2.矢や鉄砲を放つための狭間を多数設けた土塀。3.天守台西北隅（乾の方角）にある乾小天守。4.大天守の内部。写真は、石落としのある二階部分。

複雑な構造の
城域内に築かれた
優れた建築物

化粧櫓 けしょうやぐら

家康の孫娘・千姫が
過ごした櫓

本多氏の時代に、鷺山に西の丸を築き、千姫の休息所となる化粧櫓を設けた。化粧櫓は桃山風の書院造りで、住み心地が重視されている。千姫の侍女たちは、西の丸長局（百間廊下）に住んだ。

菱の門 ひしのもん

姫路城で最大の門

二の丸の入口を固めた櫓門。二階建てで、高さが約12m、幅が約18mあり、城内に現存する21の門の中で最も大きい。両柱の上の冠木に菱の紋が彫られていることが名前の由来とされている。

三国堀 さんごくぼり

道の分岐点を押さえる堀

二の丸の入口にあたる菱の門を入ってすぐの場所にあり、「いの門」から「ぬの門」へ続く二の丸本道と、「るの門」へ続く間道の分岐点を押さえる四角い堀。外部とはつながっておらず、城域内の雨水を貯めている。

旅情を味わうモデルコース

姫路駅から大手前通りをまっすぐ進めば姫路城。
レンタサイクルで巡るのもおすすめだ

キャッスルビュー

きゃっするびゅー

姫路城を正面に望む
人気スポット

姫路駅にあるビュースポット。姫路城の門をイメージした建築デザインにも注目。鉄と杉を組み合わせた和モダンな空間。

☎079・287・0003（姫路市観光案内所）
⊕姫路市駅前町188-1 ⏱見学自由

好古園

こうこえん

日本庭園から
姫路城を眺める

姫路城を借景とした日本庭園。本多忠政が造営した西御屋敷跡を含む遺構を生かして作庭された。レストランや茶室もある。

☎079・289・4120 ⊕姫路市本町68 ⏱9:00〜17:00（最終入園16:30）⏾12/29・30 ¥一般310円

男山千姫天満宮

おとこやませんひめてんまんぐう

姫路城を望む
男山中腹に鎮座

元和9（1623）年、本多忠刻と再婚した千姫が創建した。人気の羽子板の形の絵馬は、男山の麓にある水尾神社で買える。

☎079・291・1550 ⊕姫路市山野井町1-3 ⏱見学自由

五層もなか本舗

ごそうもなかほんぽ

姫路城にちなんだ
銘菓をお土産に

姫路城をかたどった「五層もなか」や姫路城の焼印を施した手焼きせんべい「姫路城瓦煎餅」など、姫路銘菓が豊富に揃う。

☎079・224・2562 ⊕姫路市豆腐町222（ピオレ姫路おみやげ館内）⏱8:30〜20:00 ⏾無休

Model Course

JR姫路駅
↓ 徒歩すぐ
キャッスルビュー
↓ 徒歩20分
姫路城
↓ 徒歩10分
好古園
↓ 徒歩10分
男山千姫天満宮
↓ バス15分
五層もなか本舗
↓ 徒歩すぐ
JR姫路駅

Topics

**ロープウエーで
山あいの古寺
「書寫山圓教寺」へ**

平安中期に建立された圓教寺。摩尼殿（まにでん）や大講堂、食堂（じきどう）など、見どころ豊富。標高371mの書写山にあり、ロープウエーで行くことができる。姫路市書写2968。

60 赤穂城

甲州流軍学に基づいた縄張り

あこうじょう

赤穂市教育委員会文化財課提供

本丸南東部にある天守台

千田嘉博のひとこと解説
軍学の知識を実際に応用した複雑な設計の城だった。

江戸時代遅めの築城ながら戦闘を強く意識した構造

　常陸国笠間から入封した浅野長直が、慶安元（1648）年から約13年かけて築いた。播磨灘に面した海岸平城で、天守台はあるが天守は建てなかった。

　赤穂城が築かれた時期は、近世城郭のかたちは確立していたが、赤穂城では技巧的に屈曲した石垣が見られる。これは、設計者の近藤三郎左衛門正純が甲州流軍学師範だったことが関係していると思われる。

　明治時代に入ると、廃城令によって城内の建物が取り壊されたが、昭和30（1955）年に大手門の一部と大手隅櫓を復元。平成14（2002）年から、旧赤穂城庭園（本丸庭園・二之丸庭園）を復元するなど、整備が進む。

DATA	別名	加里屋城、仮屋城、苅屋城	TEL	0791・42・2602(赤穂観光協会)
	所在地	兵庫県赤穂市上仮屋	料金	無料
	築城年	慶安元(1648)年	見学時間	見学自由、本丸・二之丸庭園は9:00~16:30(最終入場16:00)
	築城者	浅野長直	休み	なし(本丸・二之丸庭園は12/28~1/4)
	形式	平城	アクセス	JR「播州赤穂」駅から徒歩約20分

御城印情報 ➡ P142

1

3

1. 大手門の北に立つ大手隅櫓。大手門を監視する防衛拠点であった。2. 池泉観賞式の本丸庭園。千種川から取水している。3. 城の正門にあたる大手門。内側に枡形がある。かつては東面に高麗門、南面に櫓門があり、そのうち高麗門を再建。

Topics

赤穂藩米蔵跡にある「赤穂市立歴史博物館」

赤穂藩の米蔵を再現した白壁の土蔵群。館内では忠臣蔵や赤穂の城、赤穂城と城下町など、テーマ別に赤穂の歴史と文化を紹介する。赤穂市上仮屋916-1。

おすすめ立ち寄りスポット

赤穂大石神社 あこうおおいしじんじゃ

赤穂城三の丸にあった大石内蔵助、藤井又左衛門両家老屋敷跡に創建。義士宝物殿や大石内蔵助邸庭園がある。

巴屋 大手門前店 ともえや おおてもんまえてん

赤穂の塩を使った「鹽(しお)ふくみ」をはじめとする赤穂銘菓を販売。食事処もある。赤穂市上仮屋南2-13。

61

総石垣造りの織豊系城郭

竹田城

たけだじょう

天守と周辺の石垣

全国屈指の規模を誇る
豪壮な石垣遺構が完存

　雲海に浮かぶ姿が「天空の城」として人気の山城。嘉吉3(1443)年、但馬国の（たじまのくに）守護・山名宗全（やまなそうぜん）の家臣・太田垣氏（おおたがき）による築城とされ、太田垣氏が歴代城主を務めた。天正8(1580)年、羽柴秀長の但馬攻めにより落城。城主となった赤松広秀が石垣を築くも、広秀の死により廃城となった。

　古城山山頂の本丸を中心に曲輪が三方に広がり、地形に合わせた折れや張り出し、連続外枡形や食い違い出入口など、防御性を高める構造を各所に配置。竪堀や登り石垣など、文禄・慶長の役の影響もみられる。東西約100m、南北約400mの複雑な縄張りをすべて石垣で構築した壮大な城郭だ。

DATA	別名	虎臥城		料金	500円
	所在地	兵庫県朝来市和田山町竹田古城山169		見学時間	8:00~18:00(6~8月は6:00~、9~11月は4:00~17:00、最終入場は閉城の30分前、12月~1/3は10:00~14:00)
	築城年	嘉吉3(1443)年頃、天正13(1585)年		休み	1/4~2月末日
	築城者	太田垣氏、赤松広秀		アクセス	JR「竹田」駅から徒歩約40分
	形式	山城			
	TEL	079・674・2120(情報館 天空の城)			御城印情報 ● P142

1　　　　　　　　　　　　　　吉田利栄提供　3

Topics

竹田城の登城口にある休憩所「山城の郷」

但馬牛など地元の味覚を楽しめるレストラン、特産品が豊富に並ぶ売店、竹田城の歴史を紹介する展示室などがある。朝来市和田山町殿13-1。

1.虎が伏せているように見えるため「虎臥城(とらふすじょう、こがじょう)」とも呼ばれる。2.南千畳。天守を中心に南千畳、北千畳、花屋敷を放射状に配置。竹田駅から周遊バス「天空バス」が運行(冬期運休)。3.雲海は9~11月の早朝、限られた条件下にのみ現れる。

おすすめ立ち寄りスポット

竹田城下町 たけだじょうかまち

竹田駅から徒歩10分圏内。古城山麓に古い建物を利用した飲食店や複合施設が点在。寺社が並ぶ寺町通りもある。

立雲峡 りつうんきょう

標高757mの朝来山中腹にある竹田城の展望スポット。写真は立雲峡から望む竹田城と町並み。朝来市和田山町竹田。

全国でも貴重な三重櫓2基が現存

62 明石城

あかしじょう

(一社)明石観光協会提供

写真右が巽櫓、左が坤櫓

西国の抑えに幕府の命で築城
2基の現存三重櫓がシンボル

　徳川幕府二代将軍・秀忠の命により、明石藩主・小笠原忠政（後の忠真）が西国警備の拠点として築城。着工は元和5（1619）年で、明石海峡を望む東から西へ延びる段丘の西南端を総石垣で固め、主郭部の曲輪を配した。全20基の櫓と城門27棟を備え、櫓台の出角部分はノミで稜線を尖らせる「江戸切」を多用。

　本丸の南東端の巽櫓と南西端の坤櫓は四隅の櫓のうち残った2基で、日本に12基しか現存していない貴重な三重櫓だ。巽櫓は明石の船上城からの移築とされ、寛永年間の焼失後に再建。城内最大規模で天守代用となった坤櫓は京都の伏見城からの移築と伝わる。櫓をつなぐ土塀も美しい。

DATA				
	別名	喜春(きはる)城	TEL	078・912・7600(兵庫県立明石公園)
	所在地	兵庫県明石市明石公園1-27	料金	無料
	築城年	元和5(1619)年	見学時間	見学自由(サービスセンター窓口は8:45〜17:00)
	築城者	小笠原忠政(忠真)	休み	なし(サービスセンター窓口は12/29〜1/3)
	形式	平山城	アクセス	JR・山陽電鉄「明石」駅から徒歩約5分

御城印情報 ● P142

1

2

3

1.巽櫓(手前)は昭和57(1982)年に大改修し、阪神淡路大震災後に曳家工法で修復した。2.坤櫓の北側にある天守台は約152坪。天守は建てなかった。3.南側の石垣は東西の幅380m、高さ約20m。西側にも石垣が残り、樹木の伐採が進んで全体像がわかりやすくなっている。

Topics

明石の歴史を学べる「明石市立文化博物館」

明石の歴史と文化を8つのテーマに分けて紹介。テーマ「明石城と城下町」では明石藩ゆかりの品々などを展示し、城のなりたちを解説。明石市上ノ丸2-13-1。

おすすめ立ち寄りスポット

魚の棚商店街

うおのたなしょうてんがい

魚介類や乾物、加工品などの商店、約100店が軒を連ねる。明石城築城とともに誕生したと伝わる。明石市本町1。

food&drinks TTT明石公園店

ふーどあんどどりんくす てぃーてぃーてぃーあかしこうえんてん

明石城がある明石公園内のテイクアウトショップ。ハンバーガーやカレー、コーヒーなど多彩なメニューを用意する。

63

遺構が完存する戦国期拠点城郭の先駆け

信貴山城

しぎさんじょう

山頂付近に石碑が立つ。堀や土塁、門跡などが残る

千田嘉博のひとこと解説
土造りの名城。高い土塁や屈曲した塁線で守った。

松永久秀が改修・居城・籠城
奈良県下最大級の中世城郭

河内や山城南部の守護代・木沢長政が天文5（1536）年、信貴山雄岳に築城し居城。大和と河内、両国制圧の要衝で、有事・平時とも対応する戦国期拠点城郭の先駆けとなった。天文11（1542）年、長政の死により城は焼失。大和の実権を握った松永久秀が永禄2（1559）年以降に改修し、東西約550m、南北約700m の大規模な城郭を築いた。天正5（1577）年、織田信忠の攻撃を受け、久秀は籠城し自害。廃城となった。

頂上に天守櫓があったとされており、尾根には120以上の曲輪が点在。北側に5段の削平地が広がり、松永屋敷跡などの貴重な遺構が残り、縄張りの全容を確認できる。

DATA	別名	信貴城		TEL	0745・44・9855(信貴山観光 i センター)
	所在地	奈良県生駒郡平群町信貴山		料金	無料
	築城年	天文5(1536)年		見学時間	見学自由、朝護孫子寺は9:00～17:00
	築城者	木沢長政		休み	なし
	形式	山城		アクセス	近鉄「信貴山下」駅からバスにて約10分、バス停「信貴大橋」から徒歩約40分

御城印情報 ● P142

1

3

Topics

1400年の歴史を誇る「信貴山朝護孫子寺」

創建した聖徳太子が敏達天皇11 (582)年(寅年)の寅の日、寅の刻に毘沙門天王を感得したという言い伝えから、境内には多くの張り子のトラが置かれている。

1.松永屋敷跡。雄岳の北側に大規模な武家屋敷群があった。2.当時の石積みも残る。信貴山朝護孫子寺(しぎさんちょうごそんしじ)の境内だったこともあり後世の破壊を免れた。3.県西部にある標高437mの信貴山。山の中腹の朝護孫子寺本堂から大和平野を一望できる。

おすすめ立ち寄りスポット

信貴山観光iセンター

しぎさんかんこうあいせんたー

おみやげコーナー、軽食喫茶コーナーがある観光案内所。朝護孫子寺の境内マップを配布している。平群町信貴山2280-1。

信貴山観光ホテル

しぎさんかんこうほてる

朝護孫子寺から徒歩5分。天然湧出の温泉は、日帰り入浴も可能。食事や喫茶の利用もできる。三郷町信貴山西2-40。

紀州徳川家の威光を示す幕府の西の要

64 和歌山城

わかやまじょう

和歌山市中心部にある虎伏山（標高約49m）に立つ天守

> **千田嘉博のひとこと解説**
> 徳川の権威を物語る豪華な城。天守郭は見どころが多い。

豪壮な連立式天守がそびえる
徳川御三家・紀州藩の居城

　天正13（1585）年に紀州を平定した羽柴秀吉の命により築城。築城の名手・藤堂高虎などが普請奉行を務め、虎伏山山頂に本丸を置いた本格的な近世城郭である。関ヶ原合戦後、浅野幸長が入城し、連立式天守を建てるなど、大幅に改築・拡張。元和5（1619）年、徳川家康の十男・頼宣の入城で御三家のひとつ紀州徳川家が誕生すると、頼宣は西国支配の拠点とすべく城を大改修した。

　大天守は弘化3（1846）年に落雷で焼失し、再建するも、昭和20（1945）年の戦災で再び焼失。現在は同33（1958）年再建の三代目。その後も御橋廊下の復元などの整備を重ね、御三家の威容を今に伝えている。

DATA	別名	竹垣城、虎伏城		TEL	073・422・8979
	所在地	和歌山県和歌山市一番丁3		料金	410円
	築城年	天正13(1585)年		見学時間	9:00〜17:30(7/20〜8/31は〜20:00、最終入場は閉城の30分前)
	築城者	羽柴秀長		休み	12/29〜31
	形式	平山城		アクセス	JR「和歌山」駅からバスにて約5分、バス停「和歌山城前」からすぐ

御城印情報 ● P142

1　　　　　　　　　　　　　　　　　　3

Topics

和歌山城の史資料を展示する「わかやま歴史館」

2階には和歌山城の歴史を伝えるシアタールームや、展示室、天守の模型などがある。1階は和歌山市観光土産品センター、観光案内所。和歌山城公園内。

1. 二の丸からの眺め。城内には国の重要文化財の岡口門や附土塀のほか、さまざま時代の石垣、江戸時代初期に西の丸に築かれた西之丸庭園などがある。2.3.西の丸と二の丸を結ぶ御橋廊下。斜めになった珍しい造りで、無料で渡ることができる。平成18(2006)年に復元。

おすすめ立ち寄りスポット

お天守茶屋 おてんすちゃや

和歌山城天守前にあるお休み処。団子セットやソフトクリーム、梅を練り込んだうどんなど、軽食やスイーツを揃える。

養翠園 ようすいえん

紀州徳川家十代藩主・治寶(はるとみ)が造営。海水を取り入れた汐入りの池や松などを配置。和歌山市西浜1164。

公益社団法人和歌山県観光連盟提供

65

周囲の山に戦国の戦いの陣跡が残る

鳥取城

とっとりじょう

鳥取市教育委員会提供

石垣や堀などが残る。石垣の保存修理も進んでいる

千田嘉博のひとこと解説
山麓の曲輪群と山上の詰めの
城がセットになっていた。

秀吉が兵糧攻めにした平山城
麓には豪壮な近世城郭を整備

　16世紀中頃、守護大名・山名氏の一族が久松山に築城。山頂部の本丸を中心に曲輪を配した平山城で、天正9(1581)年の羽柴秀吉の兵糧攻め「渇え殺し」で落城すると、宮部継潤が城主になり、石垣造りに改修した。関ヶ原合戦後、城主となった池田長吉は中心を山麓に移転。鳥取藩主となった池田光政は鳥取藩32

万石にふさわしい櫓や御殿が並ぶ大規模な政庁を整備した。

　幕末まで改修を行い、明治時代には軍の施設として利用したが、明治12(1879)年、建造物はほぼすべて解体した。石垣や土塁などが現存し、近世城郭の姿を伝えている。近年は大手登城路などの復元整備が進んでいる。

DATA	別名	久松山城		TEL	0857・22・3318(鳥取市観光案内所)
	所在地	鳥取県鳥取市東町		料金	無料
	築城年	16世紀中頃、慶長5(1600)年頃、元和3(1617)年		見学時間	見学自由
				休み	なし
	築城者	山名誠通、池田長吉、池田光政		アクセス	JR「鳥取」駅からバスにて約8分、バス停「仁風閣・県立博物館」からすぐ
	形式	平山城		御城印情報 ◉ P142	

1 3

1.石垣の崩落を防ぐために築いた天球丸の巻(まき)石垣(復元)。天球丸広場から巻石垣と市街地を望める。2.大手門「中ノ御門表門(なかのごもんおもてもん)」は令和3(2021)年から公開。3.鳥取城跡は大正時代に公園として開放された。現在は、日本さくらの名所100選にも選ばれている。

Topics

鳥取城跡の麓にある「鳥取県立博物館」

1階の歴史・民俗展示室では、鳥取城や鳥取藩、城下町に関連する資料を公開。ミュージアムショップや鳥取の食材にこだわったカフェも併設。鳥取市東町2-124。

おすすめ立ち寄りスポット

仁風閣 じんぷうかく

明治40(1907)年、鳥取城跡の扇御殿跡に旧藩主池田家の別邸として建てられた洋風建築。鳥取市東町2-121。

名代 笹すし なだい ささすし

近海産を中心に、全国各地の選りすぐりの旬の魚介を使った寿司や一品料理を楽しめる。鳥取市末広温泉町104。

66 松江城

天守に多彩な防御設備を設けた実践的な城

まつえじょう

質実剛健の構えが特徴的な
黒塗りの現存天守

　関ヶ原合戦の功績により、遠州浜松か
ら出雲・隠岐へ加増転封となった堀尾氏
が築城。宍道湖畔にある標高約29mの
亀田山に、慶長12（1607）年から約5年か
けて築いた。城域は東西約360m、南北
約560mで、周囲には幅20～30mの堀が
巡っている。

　四重五階、地下1階の天守は白壁が少
なく、大部分が黒塗りの下見板張りで覆
われている。湿気・防腐対策として、黒い
塗料には柿渋やススなどを混ぜたといわ
れている。天守には入口の附櫓をはじめ、
石落とし、狭間など、戦に備えた工夫が
随所に凝らしてあった。

　廃城令によって、城内のほとんどの建
物が取り壊しとなった。天守も売却予
定だったが、地元の豪農・勝部本右衛門
父子と旧藩士・高城権八らが私財を投
じて買い戻し、破却を免れた。平成13
（2001）年、二之丸に太鼓櫓、中櫓、南櫓
の3つの櫓と瓦塀を復元。同27（2015）年
に天守が国宝に指定された。最上階か
らは松江市街を360度見渡すことがで
きる。

千田嘉博のひとこと解説

水を巧みに使った平山城。大手
から本丸に至る城道の設計は
見事。堀を舟で巡ることができ
る。

1

2

DATA	別名	千鳥城		TEL	0852・21・4030（松江城山公園管理事務所）
	所在地	島根県松江市殿町1-5		料金	680円
	築城年	慶長16(1611)年		見学時間	8:30～18:30(10～3月は～17:00、最終入場は閉城の30分前)
	築城者	堀尾吉晴		休み	なし
	形式	平山城		アクセス	JR「松江」駅からバスにて約10分、バス停「国宝松江城(大手前)」から徒歩約10分

御城印情報 ● P142

3

4

1.天守の高さは石垣を含め約30m。2.園内にはソメイヨシノやヤエザクラなど約190本の桜がある。3.黒い城壁と白い雪のコントラストが美しい。4.毎日、日没約15分前から22:00までライトアップ。時間帯によってライティングが変化する。

天守内外で見られる攻守に優れたさまざまな設備

附櫓 つけやぐら

天守防衛のために入口に設置した櫓

天守入口周辺の死角をなくし、防御を固めるために設置。石落とし、石打棚、鉄砲狭間を備えていた。櫓内は敵が侵入しにくいように枡形になっている。

天守の柱 てんしゅのはしら

天守を支える柱にも工夫が!

築城の際に木材が不足していたため、大きな柱ではなく2階分の通し柱を配し、荷重を分散して天守を支える構造を採用。また、包板で柱の面を覆い補強も施していた。天守の柱308本のうち96本が通し柱で、130本が包板で覆った柱。

天守内部 てんしゅないぶ

籠城のための備えが多数

現存十二天守で唯一、天守内に井戸が残る。籠城戦を想定し、飲み水を確保できるように設置したといわれる。1階と4階の階段開口部には、籠城の際に開口部をふさげるように引き戸を設置していた。階段には防火・防腐性に優れた桐を使用。

旅情を味わうモデルコース

昔ながらの武家屋敷が残る松江を散策。
宿泊するなら名湯・玉造温泉へ

興雲閣
こううんかく

市内に残る数少ない
擬洋風建築の建物

明治36（1903）年に明治天皇の
行在所として建てられたが、巡
幸は実現しなかった。装飾や彫
刻を多用した華やかな造り。

☎0852・61・2100 🏠松江市殿町1-59
🕐8:30～18:30（10～3月は～17:00、最
終入館は閉館の15分前）🈳無休 💴
無料※2階大広間の貸切は有料

松江歴史館
まつえれきしかん

松江城と城下町の
なりたちを学べる

堀川沿いに立つ博物館。基本
展示室では、松江の歴史につい
て資料や映像、模型で解説。和
菓子作りの実演も行っている。

☎0852・32・1607 🏠松江市殿町279
🕐9:00～17:00（最終受付16:30）🈳
月（祝日の場合翌平日）、12/29～1/1
💴一般510円（基本展示室）

塩見縄手
しおみなわて

城下町の面影を残す
伝統美観地区

松江城北側の堀沿いにあり、
かつて中老格の藩士の屋敷が
並んでいた通り。国指定史跡の
小泉八雲旧居などが見られる。

🏠松江市北堀町

玉造温泉
たまつくりおんせん

美肌の湯として名高い
歴史ある温泉

『出雲国風土記』『枕草子』に
も記された日本最古の温泉の
ひとつ。美肌の湯として知られ
る。温泉街の散策も楽しい。

☎0852・62・0634（玉造温泉旅館協同
組合）🏠松江市玉湯町玉造

Model Course

JR松江駅
↓ バス10分
興雲閣
↓ 徒歩すぐ
松江城
↓ 徒歩すぐ
松江歴史館
↓ 徒歩6分
塩見縄手
↓ 徒歩15分＋
バス30分
玉造温泉
↓ バス7分
JR玉造温泉駅

Topics

堀川を一周する
「ぐるっと松江
堀川めぐり」

松江城天守や武家屋
敷など、風情豊かな
町並みをガイド付き
で楽しめる。発着場
は松江堀川ふれあい
広場など。全長約3.7
km、所要時間は約50
分。9:00～17:00（時
期により異なる）。一
般1500円。

倭城の設計を取り入れた近世の山城

67 津和野城

つわのじょう

津和野町教育委員会提供

人質櫓跡に残る高石垣。城跡へはリフトでも行ける

千田嘉博のひとこと解説
石垣の城の周囲には広範囲に戦国期の土の城が分散してあった。

蒙古襲来に備えて築城後
高石垣の近世城郭に改修

　蒙古襲来後、鎌倉幕府から派遣された吉見頼行が、永仁3（1295）年から築城した伝説がある。津和野川を天然の堀とし、霊亀山の山頂を本丸に、尾根に多数の曲輪を持つ山城。吉見氏の勢力拡大に伴い縄張りは広がり、本城のほか、周囲に城が多数点在。城域は最大で南北約2kmに及んだという。

　関ヶ原合戦後に入城した坂崎直盛は倭城の設計を取り入れて総石垣造りの近世城郭に改修。三重天守も創建したが、貞享3（1686）年に落雷で焼失した。江戸時代は亀井氏が城主となり、山麓に藩庁を置いた。現在建物はないが、山上の高石垣がほぼ完全な形で残っている。

DATA	別名	三本松城、石蕗城		TEL	0856・72・1771（津和野町観光協会）
	所在地	島根県鹿足郡津和野町後田		料金	無料（観光リフトは片道400円、往復700円）
	築城年	永仁3（1295）年、慶長6（1601）年		見学時間	見学自由（観光リフトは9:00〜16:30、下り最終16:20）
	築城者	吉見頼行・頼直、坂崎直盛		休み	なし（観光リフトは12月・1/6〜2月末日の平日、臨時運休あり）
	形式	山城		アクセス	JR「津和野」駅から徒歩約35分で観光リフト乗り場、乗車約5分、下車徒歩約20分で本丸へ

御城印情報 ▶ P142

1

2

3

1.標高362mの霊亀山に築かれた山城。秋から冬にかけて条件が整った朝に雲海が発生することも。2.現存する津和野城の建物は物見櫓（写真）と馬場先櫓のみ。馬場先櫓は建てられた当時と同じ場所に位置している。3.三の丸の三段櫓跡。階段状の石垣が残る。

Topics

さまざまな史料を伝える「津和野町郷土館」

縄文時代から近代までの津和野町に関連する史料や美術工芸品を収蔵・展示。津和野藩や藩校養老館などについても学べる。津和野町森村口127。

おすすめ立ち寄りスポット

殿町通り とのまちどおり

城下町の面影を残す津和野のメインストリート。武家屋敷や教会、おしゃれなカフェなどが点在する。津和野町後田。

藩校養老館 はんこうようろうかん

天明6（1786）年に津和野藩主亀井氏八代矩賢（のりかた）が創設。平成31（2019）年4月に改修。津和野町後田口66。

68

最も高い位置にある現存天守

備中松山城

びっちゅうまつやまじょう

現存天守

鎌倉、戦国、江戸時代……
時代の変遷を見続けて現在へ

　標高約430mの臥牛山小松山山頂（がぎゅうざん）に
ある城で、現存天守の中では唯一の山
城。城の歴史は古く、延応2（1240）年、地
頭であった秋庭三郎重信が築造したと
される。その後、時代を経てもこの地の
重要性は変わらず、縄張りは広げられ、
居館や御根小屋などの建物も設けてい
たと考えられる。関ヶ原合戦後は、小堀（こぼり）
正次、政一（遠州）（まさつぐ　まさかず）が国奉行に任じられ、
城の修築を行った。

　現在の天守は、それからさらに時代が
進み、藩主・水谷勝宗（みずのやかつむね）が修築に着手し、
天和3（1683）年に完成したもの。二層二
階の天守ではあるものの、山頂にあるだ
けに、見晴らしにも防御にも優れていた。
藩主は度々変わったが、一時は忠臣蔵で
知られる赤穂藩主・浅野内匠頭（あさのたくみのかみ）の預かり
になったこともあり、大石内蔵助（おおいしくらのすけ）が1年ほ
ど在城していたという。

　天守と二重櫓、三の平櫓東土塀の一
部が国の重要文化財に指定されている。
天守の高さは約11mで現存天守の中で
は最も低い。山頂にある天守までは、急
な山道を登ってようやくたどり着く。

（一社）高梁市観光協会提供

千田嘉博のひとこと解説
石垣の城の背後の大松山には
中世の城がよく残る。

1

2

DATA	別名	高梁城		TEL	0866・21・0461（高梁市観光協会）
	所在地	岡山県高梁市内山下1		料金	500円
	築城年	延応2(1240)年、天和3(1683)年		見学時間	9:00～17:30(10～3月は～16:30、最終入場は閉城の30分前)
	築城者	秋庭三郎重信、水谷勝宗		休み	12/29～1/3
	形式	山城		アクセス	JR「備中高梁」駅からバスにて約10分、バス停「松山城登山口」から徒歩約50分

御城印情報 ● P142

1.臥牛山は大松山、天神丸山、小松山、前山の総称。天守は小松山山頂に立つ。2.雲海は10～3月の早朝の条件が揃った時に発生。城の東側の山に雲海展望台がある。3.石垣や土塀を見ながら歩ける。4.坂道と階段が続くので歩きやすい服装で。

岡山県観光連盟提供

土塀や石垣も現存
優美な天守を
目指していざ登城

天守 てんしゅ

標高約430mに立つ現存する山城天守

天守は層塔型二層二階。本来は連結式だったが、荒廃のため、昭和15（1940）年の大修理で切り離した。1階には籠城時の食事や暖房として用いた囲炉裏、2階には三振の宝剣を御神体として祀っていた御社壇がある。写真上中央は平成9（1997）年に再建した五の平櫓、左は六の平櫓。

天守の奥には現存する二重櫓が立つ。

三の平櫓東土塀 さんのひらやぐらひがしどべい

漆喰塗りの土塀も現存

備中松山城には現存する土塀が2カ所あり、そのうちのひとつである三の平櫓東土塀は国の重要文化財。大手門を入った先にあり、土の塊を積み重ね、その外側に漆喰を塗った土塀を確認できる。もう1カ所は厩曲輪土塀。

大手門跡の石垣 おおてもんあとのいしがき

自然を生かした石積みの技

臥牛山には巨岩が多くあり、備中松山城では天然の岩盤に石垣を築いた部分を見ることができる。複雑に入り組んだ高石垣は山城ならではの築城技術。ここからもう少し歩くと天守にたどり着く。

旅情を味わうモデルコース

備中松山城の城下には昔ながらの建物が残る。
名城トレッキングとともに城下町さんぽも楽しんでみては

高梁市図書館

たかはしししとしょかん

NACASA&PARTNERS

ひと休みに最適な
駅直結の複合施設

JR備中高梁駅に隣接する。2〜4階は図書館、2階は書店やカフェ、高梁市観光案内所。観光案内所ではお土産も販売。

☎0866・22・2912 ⊕高梁市旭町1306
🕘9:00〜21:00 ㉡無休

紺屋川美観地区

こうやがわびかんちく

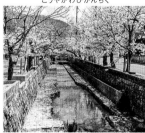

レトロな建物を
眺めながら町歩き

備中松山城の外堀だった紺屋川沿いには、高梁基督教会堂や藩校有終館跡など歴史的建造物が点在している。

☎0866・21・0461（高梁市観光協会）
⊕高梁市鍛冶町周辺

頼久寺庭園

らいきゅうじていえん

江戸時代に築いた
枯山水庭園が広がる

暦応2（1339）年、足利尊氏が建立した頼久寺。慶長10（1605）年に小堀遠州が作庭した蓬莱式枯山水庭園がある。

☎0866・22・3516 ⊕高梁市頼久寺町18
🕘9:00〜17:00 ㉡無休 ㉠一般400円

石火矢町ふるさと村

いしびやちょうふるさとむら

江戸時代の雰囲気が漂う
武家屋敷通り

約250mにわたって武家屋敷が続く。武家屋敷 旧折井家・旧埴原（はいばら）家が公開されており、往時を体感できる。

☎0866・21・0461（高梁市観光協会）
⊕高梁市石火矢町

Model Course

JR備中高梁駅

徒歩すぐ
↓

高梁市図書館

徒歩10分
↓

紺屋川美観地区

徒歩5分
↓

頼久寺庭園

徒歩5分
↓

石火矢町ふるさと村

徒歩50分
↓

備中松山城

徒歩50分
＋バス10分
↓

JR備中高梁駅

※城見橋駐車場〜
ふいご峠間は登城バス運行あり

Topics

ひと足延ばして
「備中松山城
雲海展望台」へ

雲海の備中松山城を眺められる展望台へは観光乗合タクシーがおすすめ。雲海が発生しやすい10〜3月に実施。7:30、8:00に備中高梁駅発。前日17:00までに高梁市観光案内所に要予約。1人往復3000円。

69 岡山城

宇喜多秀家が築城。関ヶ原の主役たちが城主

おかやまじょう

天守は再建だが、築城当時の姿をよく伝えている

千田嘉博のひとこと解説

城の近くを流れる旭川のボートから天守を眺めると、角度によって姿がまったく異なるのを実感できる。

関ヶ原合戦で敗北後は
小早川秀秋が城主に

　戦国から江戸へと続く時代の狭間の中で重要な役割を果たした城であった。豊臣秀吉の重臣・宇喜多秀家が築城。8年の歳月を費やして慶長2(1597)年に完成した。天守の壁は黒漆塗の下見板張りで、戦国時代特有の造り。黒々とした精悍な姿から「烏城」とも呼んだ。それからわずか3年。宇喜多秀家は関ヶ原合戦

で敗北し、八丈島に流された。その後、小早川秀秋が城主となったが、秀秋亡き後は池田家が城主となり、明治維新まで続いている。

　天守は昭和20(1945)年に戦災で焼失したものの、同41(1966)年に再建。月見櫓や西丸西手櫓は江戸時代初期の建築で国指定重要文化財。

DATA	別名	烏城、金烏城		TEL	086・225・2096
	所在地	岡山県岡山市北区丸の内2-3-1		料金	320円
	築城年	慶長2(1597)年		見学時間	9:00〜17:30(最終入場17:00)
	築城者	宇喜多秀家		休み	12/29〜31
	形式	平山城		アクセス	JR「岡山」駅から路面電車にて約4分、電停「城下」から徒歩約10分

※岡山城天守閣および烏城公園は改修工事のため2022年10月まで休業。
2022年11月リニューアルオープン予定（記載内容は変更の場合あり）

御城印情報 ➲ P142

1

2

3

Topics

「岡山後楽園」から眺める名城も格別

岡山藩二代藩主・池田綱政が築いた庭園。日本三名園のひとつに挙げられ、四季折々の花々を楽しめる。岡山城から徒歩5分。岡山市北区後楽園1-5。

1.天守内の展示内容が一新されるなど、令和4(2022)年10月まで令和の大改修が行われている。2.天守とともに再建された不明門(あかずのもん)。石垣は築城当時と江戸時代のものが見られる。掘割の一部も残る。3.月見櫓(写真)と西丸西手櫓が現存する。

おすすめ立ち寄りスポット

福寿司 ふくずし

ばら寿司やさわら丼など郷土色豊かな寿司や定食、一品料理を味わえる。岡山市北区奉還町2-16-17。

倉敷美観地区 くらしきびかんちく

倉敷へ足を延ばすのもおすすめ。倉敷川沿いに古い建物が並び、おしゃれなショップやカフェなどが点在。倉敷市中央。

風格のある石垣と趣感じる備中櫓

津山城

つやまじょう

現在の建物は備中櫓のみだが、往時は多くの櫓が立っていた

千田嘉博のひとこと解説
石垣を重ねてできた強力な軍事要塞。桜の木が多いため石垣が見えづらい。

山の高低差を生かし
段状に重ねた石垣は圧巻

　嘉吉元（1441）年、山名忠政が鶴山城を建てた場所に、森忠政が元和2（1616）年、13年かけて近世城郭を造った。丘陵を利用した平山城で、山全体を高さ10m以上の石垣で囲んでいる。山頂部分に本丸、囲むように二の丸、三の丸を階段状に配置。本丸から独立した天守曲輪に層塔型の天守があった。現存しているも

のは石垣のみだが、決して広くはない敷地に70を超える櫓や門が存在する堅固な城塞だった。

　備中櫓は平成17（2005）年に復元。御殿の一部として機能していたため、内部は全室畳敷、天井張りの構造。炉を設えた御茶席や書院建築風の御座之間も存在する珍しい造りである。

DATA	別名	なし		TEL	0868・22・3310(津山市観光協会)
	所在地	岡山県津山市山下135		料金	310円
	築城年	元和2(1616)年		見学時間	8:40〜19:00(10〜3月は〜17:00、さくらまつり期間中は7:30〜22:00)
	築城者	森忠政		休み	12/29〜31
	形式	平山城		アクセス	JR「津山」駅から徒歩約10分

御城印情報 ● P142

1

2

3

1.城内に各時代の石垣が残る。備中櫓下の石垣では美しい反りを施した「扇の勾配」が見られる。2.本丸、二の丸、三の丸にそれぞれ高石垣を築いた。雛壇状の石垣「一二三段」によって堅い守りを誇っていた。3.約1000本の桜を植樹。桜と紅葉の名所でもある。

Topics

津山城の復元模型がある「津山郷土博物館」

10万点以上に及ぶ津山の資料を収蔵。津山城の精密復元模型(縮尺150分の1)も展示。建物は昭和8(1933)年に落成した旧津山市庁舎。津山市山下92。

おすすめ立ち寄りスポット

城東町並み
じょうとうまちなみ

出雲街道の宿場町として栄えた、趣あるエリア。重要伝統的建造物群保存地区。津山市橋本町〜東新町。

衆楽園(旧津山藩別邸庭園)
しゅうらくえん(きゅうつやまはんべっていていえん)

津山藩二代藩主・森長継(ながつぐ)が造営した庭園で、現在は無料で一般開放している。津山市山北628。

岡山県観光連盟提供

71

全国トップクラスの櫓の数を誇った

広島城

ひろしまじょう

望楼型五重五階の天守。原爆で倒壊したことにより再建した

千田嘉博のひとこと解説
馬出しを巧みに用いた設計だった。二の丸も馬出しのひとつ。

水堀と櫓、塀を重ねた
隙のない広大な堅城

　天正17(1589)年に毛利元就の孫・輝元が築城。内堀、中堀、外堀の三重の水堀で囲い、西側に流れる太田川を天然の堀とする約90万㎡の敷地を誇っていた。城域を取り囲むように88の櫓を設置。高い防御力を備えていた。石垣に使用した石は、広島県の沿岸部、かつては島だった黄金山や江波皿山などから運んできた花崗岩が中心。石垣の一部に、カキの殻が付着している様子も見られる。天守は昭和33(1958)年に外観のみを復元した鉄筋コンクリート造。二の丸は平成6(1994)年までに復元した。表御門、平櫓、多聞櫓、太鼓櫓から構成され、馬出しとして機能した。この設計は豊臣秀吉が京都に築いた聚楽第を手本にした。

DATA	別名	鯉城		TEL	082・221・7512
	所在地	広島県広島市中区基町21-1		料金	370円
	築城年	天正17(1589)年		見学時間	9:00〜18:00(12〜2月は〜17:00、最終入場は閉城の30分前)
	築城者	毛利輝元		休み	12/29〜31、臨時休業あり
	形式	平城		アクセス	広島電鉄「紙屋町東」駅から徒歩約15分

御城印情報 ● P142

1

3

Topics

城の北東にある名勝「縮景園」

元和6(1620)年、広島藩浅野家初代藩主・浅野長晟(ながあきら)が別邸の庭園として造営。甘味、軽食を提供する泉水亭を併設。広島市中区上幟町2-11。

1.広島城築城400年を記念して整備が進められた二の丸。表御門、平櫓、多聞櫓、太鼓櫓を再建し、内部も一般公開している。石垣や堀は今も残る。2.二の丸入口にある表御門。3.表御門へ続く御門橋。表御門と御門橋は平成3(1991)年に復元した。

おすすめ立ち寄りスポット

本通商店街 ほんどおりしょうてんがい

広島城築造の際、城下の中心部を横断していた西国街道が始まりとされる。東西577mの通りに約200店が並ぶ。
広島県提供

かき船かなわ かきふねかなわ

慶応3(1867)年創業。カキ料理をはじめ、瀬戸内の旬の食材を楽しめる。広島市中区大手町1丁目地先。

72

徳川家一門の武将が築いた城

福山城

ふくやまじょう

京都伏見城・松の丸にあった櫓を移築したと伝わる伏見櫓

千田嘉博のひとこと解説
もともと天守の北面には鉄板を張っており、（リニューアル工事で）本来の姿に戻るのが楽しみ。

徳川秀忠が京都伏見城から
移築した伏見櫓が現存

　幕府から命じられて水野勝成が元和5（1619）年、西国監視の拠点として福山に築城し、初代城主となった。江戸時代に新造された城は数少ないが、その中でも名城の誉れが高かったという。築城の命を受けた理由には、徳川家康が同2（1616）年に没しており、幕府の体制が盤石ではなかったこと、勝成が徳川家康の従兄弟であり、戦国時代を勝ち抜いた名将であったことなどが挙げられる。

　徳川家の威光を放つ豪華な天守は、戦前までその姿を保ち、国宝に指定されていた。しかし、昭和20（1945）年の戦災で焼失。その後、同41（1966）年に天守、御湯殿、月見櫓を復元し、往時の姿をよみがえらせた。

DATA	別名	久松城、葦陽城	TEL	084・922・2117（福山城博物館）
	所在地	広島県福山市丸之内1-8	料金	200円（改定の場合あり）
	築城年	元和8（1622）年	見学時間	9:00～17:00（4～8月は～18:30、最終入館は閉館の30分前）
	築城者	水野勝成	休み	月（祝日の場合は翌日）、12/28～31
	形式	平山城	アクセス	JR「福山」駅から徒歩約5分

※リニューアル・耐震工事のため、2022年8月初旬頃まで休館

御城印情報 ● P143

1

2

3

Topics

新幹線ホームから天守や櫓が見える

福山駅の新幹線上りホームは福山城を望めるビュースポット。明治に入って城や敷地が払い下げられ、三の丸付近に福山駅ができたため、この近さとなった。

1. 令和4（2022）年に築城400年を迎える。天守の鉄板張りの再現を計画している。天守内の博物館もリニューアル。2. 城を囲む本丸・二の丸の土塀も改修される。3. 伏見櫓とともに伏見城から移築したと伝わる筋鉄御門（すじがねごもん）。※写真はすべて改修前

おすすめ立ち寄りスポット

広島県立歴史博物館

ひろしまけんりつれきしはくぶつかん

中世の港町・草戸千軒町遺跡を実物大で復元・展示。日本最大級の古地図コレクションも。福山市西町2-4-1。

虎屋本舗

とらやほんぽ

創業400年の和菓子店。どら焼き「虎焼」や福山藩献上菓子「とんど饅頭」などがおすすめ。福山市曙町1-11-18。

73

標高200mの横山頂上に築いた山城

岩国城

いわくにじょう

天守内に武具や甲冑などを展示。展望台からは市内を一望できる

千田嘉博のひとこと解説
整備された範囲以外にも石垣が続く。現在の天守位置は本来の位置ではない。

初代岩国藩主の築城後
わずか7年で廃城に

　初代岩国藩主・吉川広家が慶長13（1608）年に築城。眼下を流れる錦川を天然の外堀とし、標高約200mの横山に位置した。ところが、元和元（1615）年に幕府から一国一城令が発されると、岩国城は廃城を命じられる。完成からわずか7年後のことであった。岩国城の取り壊しにあたっては、天守などの建物だけでな

く、周辺部の石垣まで徹底的に破壊、処分されたという。

　現在の天守は、昭和37（1962）年に復元したもの。おおむね当時の姿を忠実に再現し、四重六階の南蛮造りになっている。ただし、本来の位置ではない。本丸周辺の木々の中に、廃城時に破壊した石垣や門跡がよく残っている。

DATA	別名	横山城		TEL	0827・41・1477（錦川鉄道株式会社 岩国管理所）
	所在地	山口県岩国市横山3		料金	270円
	築城年	慶長13(1608)年		見学時間	9:00〜16:45(最終入場16:30)
	築城者	吉川広家		休み	岩国城ロープウエー運休日
	形式	山城		アクセス	JR「岩国」駅からバスにて約20分、バス停「錦帯橋」から徒歩約20分

御城印情報 ● P143

1

2

3

Topics

岩国藩の資料を展示する「岩国徴古館」

建物は昭和20（1945）年に旧藩主吉川家によって建てられたもの。藩政時代や錦帯橋などの資料を展示。近くには吉川史料館がある。岩国市横山2-7-19。

1. 錦川に架かる錦帯橋から岩国城を遠望できる。錦川を天然の堀として城を守っていた。城へは旧岩国藩主・吉川家の居館跡を整備した吉香公園からロープウエーで。2.天守の石垣や二の丸の石垣などの遺構が見られる。3.隅櫓跡には明治時代に建てられた錦雲閣がある。

おすすめ立ち寄りスポット

錦帯橋 きんたいきょう

木造五連のアーチ橋。延宝元（1673）年に岩国藩主・吉川広嘉（ひろよし）が築いたのが始まり。岩国市岩国1。

料亭・旅館 半月庵 りょうてい・りょかん はんげつあん

錦帯橋近くにあり、昼食のみの利用も可能。郷土料理の岩国寿司などを味わえる。岩国市岩国1-17-27。

74

幕末・維新の志士を生み出した毛利家の城

萩城

はぎじょう

萩市提供

本丸跡の背後に指月山(標高143m)がある

千田嘉博のひとこと解説
美しい石垣が残り、城下とともに歴史を味わえる。

当時の町割りなどもよく残る
城下町の散策も楽しみ

　関ヶ原合戦後、広島から萩に移った毛利輝元が慶長9(1604)年に築城を始め、同13(1608)年に完成した。指月山の麓と山頂に、本丸、二の丸、三の丸、詰丸を配した平山城だったが、明治7(1874)年に取り壊された。本丸には高さ14.4m、五層の天守があった。現在は石垣と堀の一部が残され、国指定の史跡になってい

る。旧本丸跡を中心に整備した指月公園では、天守跡の石垣や移築した茶室などを見ることができる。また、かつて重臣たちが居を構えた三の丸付近の武家屋敷跡など重要伝統的建造物群保存地区が各所にあり、見どころも多数。毛利36万石の城下町として栄えた面影を残している。

DATA	別名	指月城	TEL	0838・25・1826(指月公園料金所)
	所在地	山口県萩市堀内1-1	料金	220円(旧厚狭毛利家萩屋敷長屋と共通)
	築城年	慶長9(1604)年	見学時間	8:00〜18:30(11〜2月は8:30〜16:30、3月は8:30〜18:00)
	築城者	毛利輝元	休み	なし
	形式	平山城	アクセス	JR「萩」駅からバスにて約44分、バス停「萩城跡・指月公園入口 北門屋敷入口」から徒歩約5分

御朱印情報 ◉ P143

1

3

1. 萩城本丸の正門、本丸門跡の石垣。2.内堀に突き出るように築いた天守石垣は本丸の南西にある。美しい反りの「扇の勾配」が見られる。3.二の丸南門跡。近くに毛利輝元の像が立つ。城見学の後は、松下村塾や木戸孝允旧宅などの見学も欠かせない。

Topics

白壁の町並みが風情豊かな「萩城城下町」

かつて武家屋敷が軒を連ねていた通りには現在も古い建物が残り、往時の面影を伝えている。維新の志士ゆかりの地も点在。萩市呉服町、南古萩町。

おすすめ立ち寄りスポット

菊屋家住宅 きくやけじゅうたく

萩藩の御用商人・菊屋家の屋敷を公開。伊藤博文から贈られた柱時計など貴重な品々を展示。萩市呉服町1-1。

萩・明倫学舎 はぎ・めいりんがくしゃ

萩藩校明倫館の跡地に立つ観光施設。世界遺産ビジターセンターや、カフェレストランもある。萩市江向602。

75 徳島城

代用天守の御三階櫓が東二の丸に

とくしまじょう

徳島城博物館提供

城の大手門にあたる鷲の門（再建）

阿波の青石の石垣や舌石が残る
蜂須賀氏累代の居城跡

　天正13（1585）年、阿波国に入封した蜂須賀家政が、助任川と寺島川にはさまれた猪山（標高62m）に築城。山上の猪山城と山麓の寺島城をひとつづきにつないだ平山城で、築城を開始した年の翌年に完成したとされている。山上部の本丸にあった天守を江戸時代初頭に取り壊し、尾根先端の東二の丸に代用天守として御三階櫓を築造。山麓には庭園を備えた御殿があった。

　明治時代の廃城後、唯一残った「鷲の門」は太平洋戦争で焼失したが、平成元（1989）年に再建。緑色片岩「阿波の青石」を使った各時代の石垣や、屏風折塀の支柱石「舌石」など、貴重な遺構が残っている。

DATA					
	別名	渭津城		TEL	088・656・2525(徳島市立徳島城博物館)
	所在地	徳島県徳島市徳島町城内		料金	無料(徳島市立徳島城博物館・旧徳島城表御殿庭園300円、特別展期間中は料金変更あり)
	築城年	天正13(1585)年		見学時間	見学自由、徳島市立徳島城博物館・旧徳島城表御殿庭園9:30〜17:00(最終入館16:30)
	築城者	蜂須賀家政		休み	なし(徳島市立徳島城博物館・旧徳島城表御殿庭園は祝日を除く月、祝日の翌日、12/28〜1/2)
	形式	平山城		アクセス	JR「徳島」駅から徒歩約10分

1

3

1. 城跡は徳島中央公園として整備している。内堀や石垣などが残っている。2.内堀に架かる下乗橋と大手門(黒門)跡。3. 1600年頃に造営されたと伝わる旧徳島城表御殿庭園。石を多用した庭園で、緑がかった「阿波の青石」はここでも見ることができる。

Topics

御門殿にある「徳島市立徳島城博物館」

旧徳島城表御殿庭園に隣接する徳島城博物館には、徳島藩や蜂須賀、城下町の暮らしなど藩政時代を伝える歴史資料を展示している。徳島市徳島町城内1-8。

おすすめ立ち寄りスポット

阿波おどり会館 あわおどりかいかん

約400年の歴史をもつ阿波おどりを一年中楽しめる。5階は眉山ロープウエー乗り場。徳島市新町橋2-20。

徳島市提供

眉山 びざん

標高290m。『万葉集』にも詠まれた名所で、山頂からの眺めは見事。阿波おどり会館からロープウエーで約6分。

76

400年の歴史を誇る石垣の城

丸亀城

まるがめじょう

現存天守

生駒氏二代が築いた城郭を
山﨑氏、京極氏が修築

丸亀城は現存十二天守のひとつで、亀山城とも蓬莱城とも呼ばれる。築城を始めたのは慶長2（1597）年で、信長、秀吉に仕えた生駒親正・一正父子の手による。この頃の丸亀城は、武家屋敷や商家などを城近くに配置し、その外側に堀や土塁を築いて城下を守った惣構えを備えた。生駒氏の本城は高松城であったため、江戸幕府成立後の元和元（1615）年には一国一城令により丸亀城は廃城になっている。その後、生駒氏の領地没収、山﨑氏の入封と幕府による丸亀城の再築の認可、山﨑家の断絶など波乱が続く。そして、万治元（1658）年には、京極高和が丸亀藩主となった。石高は約6万石。

現在の天守は万治3（1660）年、京極氏の時代に完成しているが、城郭の整備はその後10年以上も続いた。天守や高石垣の設計・築造は主に山﨑氏が手掛けたもの。丸亀城は「石垣の城」として知られるが、近年は石垣の大規模崩落があり、復旧工事を行っている。

千田嘉博のひとこと解説

石垣を連ねた石垣の城。近年の石垣の大規模崩落は、近世城郭の管理の難しさを示している。

1

2

DATA	別名	亀山城、蓬莱城	TEL	0877・25・3881（丸亀城内観光案内所）
	所在地	香川県丸亀市一番丁	料金	無料（天守200円）
	築城年	慶長2(1597)年、寛永20(1643)年	見学時間	見学自由、天守9:00～16:30（最終入場16:00）
	築城者	生駒親正・一正、山崎家治、京極高和	休み	なし（臨時休業あり）
	形式	平山城	アクセス	JR「丸亀」駅から徒歩約10分

御城印情報 ➡ P143

3

4

1.標高66mの亀山山頂に天守が立つ。2.3.四重の高石垣は圧巻。現在は三の丸坤櫓跡、帯曲輪の石垣修復を行っている（写真は崩落前）。4.築城の主が代わり、完成まで長い時間を経ただけに、各時代の石垣を見られる。「扇の勾配」も必見。

四段重ねの石垣に技巧を凝らした天守が立つ

天守 てんしゅ

高石垣にそびえる三重天守

京極氏の時代に築いた層塔型三重三階の天守。もともとは三階櫓で、高さは約15m。高石垣に面する北側には唐破風や連子窓(れんじまど)などの装飾を設ける一方、西側は簡素な造り。

大手一の門・二の門

おおていちのもん・にのもん

現存する大きな枡形門

寛文10(1670)年頃に完成した大手一の門と二の門。二の門を抜けた右側に一の門があり、大きな枡形を確認できる。一の門は太鼓門とも呼ばれ、毎日正午に太鼓が鳴る(水曜と12/25〜2月末を除く)。

玄関先御門 げんかんさきごもん

京極氏屋敷の表門

江戸時代初期に建てられた玄関先御門(御殿表門)も現存。薬医門形式で、番所、御駕篭(おかご)部屋、長屋が接している。

石垣 いしがき

平地から本丸までの高さは約60m

丸亀城の特徴は、総高60mほどにも及ぶ四重の高石垣。三の丸北側には20m以上の石垣が続く。大崩落した三の丸南西部の石垣、帯曲輪石垣の復旧工事は令和7(2025)年3月末の完了を目指している。

旅情を味わうモデルコース

丸亀城と併せて巡りたい見どころはこちら。
丸亀の歴史や文化、グルメを存分に楽しみたい

Model Course

JR丸亀駅

↓ 徒歩10分

丸亀城

↓ 徒歩3分

丸亀市立資料館

↓ 徒歩15分

骨付鳥 一鶴 丸亀本店

↓ 徒歩3分

太助灯籠

↓ 徒歩5分＋
電車2分＋
徒歩15分

中津万象園・丸亀美術館

↓ 徒歩15分

JR讃岐塩屋駅

丸亀市立資料館
まるがめしりつしりょうかん

丸亀の歴史資料などを
約3万点収蔵

丸亀城内にある歴史民俗資料館。丸亀藩主京極家ゆかりの品々のほか、丸亀に関する古文書や美術品、民具などを展示。

☎ 0877・22・5366 ⓐ 丸亀市一番丁
ⓑ 9:30〜16:30 ⓗ 月、祝日、年末年始、資料整理期間 ⓨ 入館無料（企画展は有料の場合あり）

骨付鳥 一鶴 丸亀本店
ほねつきどり いっかく まるがめほんてん

70年続く
骨付鳥の専門店

骨付きのもも肉をスパイシーに味付けし、じっくり焼き上げる。歯応えのある「おやどり」と柔らかい「ひなどり」がある。

☎ 0877・22・9111 ⓐ 丸亀市浜町317
ⓑ 11:00〜13:45（LO)、17:00〜21:30
（LO)、土・日祝11:00〜21:30（LO) ⓗ 火

太助灯籠
たすけとうろう

丸亀港に立つ
青銅製の灯籠

金毘羅詣での参拝客でにぎわった丸亀港にある。天保年間（1830〜1844年）に建てられ、昭和に入って補修、復元された。

ⓐ 丸亀市西平山町270 ⓨ 見学自由

中津万象園・丸亀美術館
なかづばんしょうえん・まるがめびじゅつかん

美術館を併設する
広大な大名庭園

貞享5（1688）年に京極家が築いた中津万象園。美術館ではミレーやルソーらの作品を展示。

☎ 0877・23・6326 ⓐ 丸亀市中津町
25-1 ⓑ 9:30〜17:00（最終受付16:30)
ⓗ 水 ⓨ 一般1200円（庭園と絵画館のセット券）

Topics

工事の観察も！
「丸亀城
石垣復旧PR館」

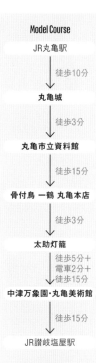

石垣の復旧工事中の丸亀城。丸亀城内にオープンした丸亀城石垣復旧PR館では城の歴史や工事の概要、出土品などを紹介。屋上の展望デッキからは工事の様子を観察できる。

77

特異な天守を構えた日本を代表する水城

高松城

たかまつじょう

北の丸にある月見櫓・水手御門・渡櫓

千田嘉博のひとこと解説
日本を代表する水城。中心部はよく残り、天守台の石垣は修理を経て美しくよみがえった。天守の復元が期待される。

2棟の三重櫓や石垣が現存
瀬戸内海に面した壮大な水城

　豊臣秀吉の四国平定で讃岐国に入封した生駒親正が、天正16（1588）年から築城を開始。日本三大水城のひとつで、軍船が出入りできるよう、瀬戸内海に面した北側に船溜まりを設け、三重の堀に海水を引き込んだ。生駒氏改易後の寛永19（1642）年、水戸徳川家から松平頼重が入部し、次の代まで大改修を行っ

た。天守を解体し、三重四階、地下一階で、四階が三階よりも張り出した南蛮造りの天守を再建。北の丸と東の丸を新造し、最盛期の総面積は66万㎡とされる。延宝4（1676）年に建てた月見櫓や水手御門、渡櫓が現存。同5（1677）年に東の丸に建てた艮櫓は、昭和42（1967）年に太鼓櫓台に移築した。

DATA	別名	玉藻城		TEL	087・851・1521（玉藻公園管理事務所）
	所在地	香川県高松市玉藻町2-1		料金	200円
	築城年	天正16(1588)年		見学時間	西門日の出〜日没(季節により異なる)、東門：7:00〜18:00(10〜3月は8:30〜17:00)
	築城者	生駒親正		休み	12/29〜31
	形式	平城(海城)		アクセス	ことでん「高松築港」駅からすぐ

御城印情報 ● P143

1

2

3

1. 海水が堀に入る高松城。写真は艮櫓（丑寅櫓）。高松城の鬼門である北東に立っていた。2.3. 本丸跡には、平成19〜23（2007〜2011）年度に解体修理した天守台石垣がある。天守の高さは約26.6mと考えられている。

Topics

内堀を和船で遊覧できる「城舟体験」

高松城跡を和船に乗って見学できる「玉藻丸（たまもまる）」。水門横から出発し、30分ほどで内堀を巡る。運航時間は10:00〜15:30、30分間隔で運航。一般500円。

おすすめ立ち寄りスポット

玉藻公園陳列館 たまもこうえんちんれつかん

大正時代、旧高松藩主松平氏十二代当主・松平頼壽（よりなが）が高松城三の丸跡に建てた迎賓館。庭園も残る。
（公社）香川県観光協会提供

岩部保多織本舗 いわべぼたおりほんぽ

松平頼重の命で生まれた保多織は、肌ざわりの良さが魅力。香川県内に残る唯一の織元。高松市磨屋町8-3。

関ヶ原合戦後、道後平野の中心に加藤嘉明が築城

78 松山城

まつやまじょう

現存天守

現在の天守は松平家による再建
築城当時の気風を受け継ぐ

　豊臣秀吉の重臣で七本槍の一人だった加藤嘉明が、関ヶ原合戦で徳川方に味方し、戦功を挙げた恩賞として20万石に加増された。そこで、新しく道後平野の中心部である勝山に築造したのが、松山城。松山という地名も、その頃に公式に定められたといわれる。

　築城は慶長7（1602）年に地割が始まり、嘉明が会津に転封となる寛永4（1627）年まで続いた。嘉明の後は蒲生忠知が入封するが、7年後に病没したことにより断絶。同12（1635）年に伊勢国桑名から松平定行が転封を命じられて城主となった。

　それから約150年後の天明4（1784）年、嘉明が築き、定行が改築したと伝わる天守などの建物が落雷のため、焼失してしまう。その後、文政3（1820）年から再建が行われ、安政元（1854）年に完成している。それが現在の天守で、創建当時の姿をよく映している。

　松山城は、江戸時代後期に建てられた現存十二天守のひとつ。21の国指定重要文化財が残されている。

千田嘉博のひとこと解説

連立式天守のすごさを体感できる城。山麓の藩主屋敷も整備されている。三の丸内の施設も移転が進み当時の様子がよみがえった。

1

2

DATA	別名	金亀城、勝山城	TEL	089・921・4873(松山城総合事務所)
	所在地	愛媛県松山市丸之内1	料金	無料(天守520円)
	築城年	慶長7(1602)年	見学時間	本丸広場5:00~21:00(11~3月は5:30~)、天守9:00~17:00(1・12月は~16:30、8月は~17:30、最終入場は閉城の30分前)
	築城者	加藤嘉明	休み	なし(天守は12月第3水)
	形式	平山城	アクセス	伊予鉄道「大街道」駅から徒歩約5分でロープウエー乗り場、乗車約3分、下車徒歩約10分で天守へ

御城印情報 ◉ P143

3

4

1.江戸時代後期に再建され、国の重要文化財に指定された建物群を見ることができる。2.ソメイヨシノのほか、椿寒桜、大島桜、塩釜桜、牡丹桜など約200本の桜を植樹している。3.冬は雪景色になることも。4.ライトアップは日没~23:00。

重要文化財を
多く有する
名城を巡る

本壇 ほんだん

山上に構えた
連立式天守

標高132mの勝山山頂にある本壇には、天守、小天守、南隅櫓、北隅櫓を渡櫓で結んだ連立式天守が立つ。寛永19(1642)年に松平氏が石垣から築いた天守群は、天明4(1784)年に焼失、安政元(1854)年に再建落成。

櫓 やぐら

貴重な現存建物が多数

21棟が国の重要文化財に指定されている松山城。現存する野原櫓(写真左)や隠門続櫓、乾櫓のほか、小天守と南隅櫓をつなぐ多聞櫓などを見られる。多聞櫓は昭和43(1968)年に復元。

多聞櫓の内部は展示室になっている。

門 もん

守りを固めた門も見どころ

門扉を設けていない戸無門、大手を固める筒井門、門の存在がわかりづらい造りにした隠門などがあり、実戦に備えた構造を体感できる。

筒井門の奥にある隠門(左)。門の扉がない戸無門(右)。

旅情を味わうモデルコース

見どころ豊富な松山城を鑑賞した後は松山市の名所を満喫。
旅の締めくくりは道後温泉でのんびりと

松山城二之丸史跡庭園

まつやまじょうにのまるしせきていえん

松山藩主邸宅の
間取りを再現

二之丸御殿跡を庭園として整備。「柑橘・草花園」がある表御殿跡、「流水園」がある奥御殿跡に分かれている。

☎089・921・2000（二之丸・堀之内管理事務所）🏠松山市丸之内5 🕘9:00～17:00（最終入場16:30）※季節により異なる 🚫12月第3水 💰一般200円

坂の上の雲ミュージアム

さかのうえのくもみゅーじあむ

司馬遼太郎の小説を
テーマにした博物館

松山出身の秋山好古、真之兄弟と正岡子規を描いた小説『坂の上の雲』。3人の足跡や明治期に関する資料を展示。

☎089・915・2600 🏠松山市一番町3-20 🕘9:00～18:30（最終入館18:00）🚫月（休日の場合開館）💰一般400円

松山ロープウェー商店街

まつやまろーぷうぇーしょうてんがい

城山の麓にある
約500mの商店街

松山城ロープウェイ東雲口駅がある通りは「ロープウェー街」と呼ばれ、バラエティーに富んだ飲食店や専門店などが並ぶ。

☎089・941・7088（松山ロープウエー商店街事務局）🏠松山市大街道3 🕘🚫店舗により異なる

道後温泉

どうごおんせん

約3000年の歴史を誇る
四国屈指の温泉街

『万葉集』『源氏物語』にも登場する歴史ある温泉。宿の数は30軒以上。夏目漱石の小説『坊っちゃん』の舞台にもなった。

☎089・921・5141（道後温泉事務所）🏠松山市道後湯之町※営業しながら保存修理を行っているため、外観などが異なる場合あり

Model Course

伊予鉄道大街道駅
↓ 徒歩5分＋ロープウエー3分
松山城
↓ 徒歩15分
松山城二之丸史跡庭園
↓ 徒歩10分
坂の上の雲ミュージアム
↓ 徒歩2分
松山ロープウェー商店街
↓ 徒歩12分
道後温泉
↓ 徒歩すぐ
伊予鉄道道後温泉駅

Topics

江戸時代から
愛される
愛媛の「タルト」

松山藩主・松平定行が長崎で出合った菓子が由来と伝わる。ゆず風味の餡をスポンジ生地で巻いたもので、松山銘菓として親しまれている。市内の菓子店などで販売。写真はイメージ。

79

木造天守を再建

大洲城

おおずじょう

復元天守(中央)と高欄櫓(左)、台所櫓(右)

千田嘉博のひとこと解説
天守を木造で復元したが、国史跡ではないので厳格な考証は経ていない。

高虎らが近代城郭に改修
復元天守や現存櫓は必見

　鎌倉時代末期、伊予国の守護・宇都宮豊房の築いた地蔵ヶ嶽城が起源とされる。文禄4(1595)年に入城した築城の名手・藤堂高虎と次の城主・脇坂安治が近世城郭として整備。肱川沿いの高台に立つ平山城で、梯郭式に曲輪を配し、内堀・外堀に肱川の水を引き込んだ。天守は本丸の北西隅にあり、南の高欄櫓、東の台所櫓と各々結んで複連結式天守群を形成。このほか、三の丸南隅櫓、苧綿櫓と計4基の櫓が現存する。明治時代に解体された四層四階の天守は古写真や古絵図、木組み模型を元に専門家の考証によって木造で再建。多くの市民の寄付を受け、平成16(2004)年に復元工事が完了した。

DATA	別名	地蔵ヶ嶽城		TEL	0893・24・1146
	所在地	愛媛県大洲市大洲903		料金	550円
	築城年	慶長年間(1596~1615年)		見学時間	9:00~17:00(最終入場16:30)
	築城者	藤堂高虎、脇坂安治		休み	なし
	形式	平山城		アクセス	JR「伊予大洲」駅から徒歩約25分

御城印情報 ● P143

1

2

3

1. 標高約40mの城山に築いた大洲城。東に肱川、西に久米川が流れる。2. 二の丸東隅に立つ苧綿櫓。苧綿とは布や糸などの原料であり、その貯蔵庫として使われていたと考えられている。3. 食糧庫だった下台所(しもだいどころ)。城山公園内の交流広場にある。

Topics

江戸時代の面影を残す「おはなはん通り」

北側は商屋の蔵、南側に武家屋敷が並んでいた通りで、江戸時代の町割が残る。石畳と蔵造りの建物が続く通りは風情豊か。大洲市大洲。

おすすめ立ち寄りスポット

臥龍山荘 (がりゅうさんそう)

明治後期築の数寄屋造りの山荘。室内、庭園を見学できる。国の重要文化財に指定されている。大洲市大洲411-2。

ひらのや製造本舗 ひらのやせいぞうほんぽ

明治2(1869)年創業。小豆や米粉などを蒸した「志ぐれ」は、大洲に江戸時代から伝わる伝統菓子。大洲市大洲14。

築城の名手・藤堂高虎の城

80 今治城

いまばりじょう

天守と山里櫓。高石垣や広大な内堀が残る

千田嘉博のひとこと解説
海に面した軟弱な地盤に、連続した石垣を築いた藤堂高虎の技術が光る城。

藤堂高虎の技術が随所に
海を利用した国内屈指の海城

関ヶ原合戦の功で伊予半国の当主となった藤堂高虎が慶長7（1602）年、瀬戸内海に面した海岸に居城として着工。三重の幅広い堀の一部に海水を引き込み、大規模な船着場を備えた日本屈指の海城だ。高虎特有の直線的な高石垣は、海岸に砂を盛り、基底部に犬走りを設けた上に積んだ。技巧的な設計の平城

で、馬出しとして機能する曲輪を要所に配し、本丸を多聞櫓で囲むなど、築城の名手・高虎らしい城だった。明治時代の廃城により、残ったのは内堀と主郭部の石垣のみだったが、昭和55（1980）年にコンクリート造りの史実とは異なる模擬天守を築造。櫓4基と鉄御門も復元している。

DATA	別名	吹揚城		TEL	0898・31・9233
	所在地	愛媛県今治市通町3-1-3		料金	520円
	築城年	慶長7(1602)年		見学時間	9:00〜17:00
	築城者	藤堂高虎		休み	12/29〜31
	形式	平城(水城)		アクセス	JR「今治」駅からバスにて約9分、バス停「今治城前」からすぐ

御城印情報 ● P143

1　　　　　　　　　　　　　　　　　　　　　　　3

Topics

舟入船頭町の造営が「今治港」の起源

藤堂高虎が今治城を築き、城の北隅に舟入船頭町を造営したことが今治港の起源という。明治以降、多くの船舶が寄港し、港の整備が進んだ。城から徒歩約15分。

1. 本丸北隅櫓跡にある模擬天守。天守内は2〜5階が展示室、6階が展望台。武具や絵図など多彩な品々が見られる。2. 二の丸の表門、鉄御門は平成19(2007)年に復元。3. 毎日、日没30分後〜22:00に行われるライトアップ。照明デザイナー・海藤春樹氏が手掛けた。

おすすめ立ち寄りスポット

テクスポート今治　てくすぽーといまばり

「今治タオル 本店」「今治タオル LAB」「imabari towel CAFÉ」があり、今治タオルを体感できる。今治市東門町5-14-3。

鈍川温泉　にぶかわおんせん

今治藩主の狩場や薬草園があり、今治藩の湯治場として栄えた。6軒の温泉宿と立ち寄り湯などがある。今治市玉川町。

81

伊達宗利築造の層塔型天守

宇和島城

現存天守

うわじまじょう

伊達宗利が建てた天守

千田嘉博のひとこと解説
天守はもともと岩盤が露出した岩の上に立っていたという。

藤堂高虎が五角形に縄張り
天守が残る伊達家の居城

戦国時代の板島丸串城が前身。文禄4（1595）年に入城した藤堂高虎が近世城郭として整備し、標高約80mの城山山頂の本丸を中心に曲輪を配した平山城にした。五角形の縄張りが特徴というが、特別な優位性はなかった。

慶長20（1615）年に仙台藩主・伊達政宗の長子・秀宗が入城。以降は伊達氏が城主の宇和島城となり、二代藩主・宗利が拠点城郭として大改修を行った。特に天守は、岩盤上に立つ望楼型天守を撤去し、石垣造りの天守台の上に三重三階の独立式層塔型天守を築造。破風を多く施した美しい造りの貴重な現存天守で、2度の大修復工事を経て、今も往時の姿をとどめている。

DATA	別名	鶴島城		TEL	0895・22・2832
	所在地	愛媛県宇和島市丸之内		料金	200円
	築城年	慶長6(1601)年、寛文6(1666)年頃		見学時間	6:00〜18:30(11〜2月は〜17:00)、天守9:00〜17:00(11〜2月は〜16:00)
	築城者	藤堂高虎、伊達宗利		休み	なし
	形式	平山城		アクセス	JR「宇和島」駅から徒歩約15分

御城印情報 ▶ P143

1　　　　　　　　　　　　　　　　　3

1. 藤堂高虎が創建した時期の石垣や伊達宗利が大改修した時期の石垣など、各時代の石垣が残る。写真は本丸の石垣。2.城山南側の搦手(からめて)口に立つ上り立ち門は高虎の時代からの現存建築物。現存する薬医門の中では最大規模。3.城山北側にある曲輪「井戸丸」。

Topics

伊達家ゆかりの品を展示する「宇和島市立伊達博物館」

伊達10万石の城下町として栄えた宇和島には伊達家ゆかりの地が点在。伊達博物館では古文書や武具、調度品などを展示。宇和島市御殿町9-14。

おすすめ立ち寄りスポット

天赦園 てんしゃえん

宇和島藩七代藩主・伊達宗紀が隠居場所として造営。ハナショウブなど四季の花が美しい。宇和島市天赦公園。

ほづみ亭 ほづみてい

宇和島名物の鯛めしやじゃこ天のほか、地元の食材を使ったオリジナルメニューが充実。宇和島市新町2-3-8。

82

山内一豊が関ヶ原合戦後に築城

高知城

こうちじょう

現存天守

独立式望楼型の天守は
江戸時代中期の再建

関ヶ原の戦いで東軍（家康軍）に味方し、土佐一国を与えられた山内一豊が、慶長6（1601）年に築城を始め、約10年の歳月をかけて整備した。天守や櫓などが完成したのは同8（1603）年。その年に山内一豊が入城している。

天守は外観が四重、内部が三層六階の望楼型。小天守や附櫓などがない独立式になっている。残念なことに、この城もまた、享保12（1727）年に起きた城下の大火により、天守をはじめ、ほとんどの建物を火災で失っている。ほぼ20年後の延享3（1746）年、ようやく本丸の再建に着手。寛延2（1749）年に天守が完成した。これが、現在の天守。本丸や三の丸など、その他の建物すべてが完成するまで、20年以上かかった。

高知城もまた、現存十二天守のひとつ。土佐藩は江戸開府から幕末まで山内家のみが藩主を務め、明治維新にも貢献した。それでも廃城令の発布とともに、本丸周辺と追手門以外、すべての建物が取り壊されている。

千田嘉博のひとこと解説

幕末に再建した天守や本丸御殿が残る。河川に囲まれた城下町の立地は治水に苦心したが、経済・流通の拠点を直接把握できた。

1

2

DATA	別名	鷹城		TEL	088・824・5701（高知城管理事務所）
	所在地	高知県高知市丸ノ内1-2-1		料金	420円
	築城年	慶長6(1601)年		見学時間	9:00〜17:00(最終入場16:30)
	築城者	山内一豊		休み	12/26〜1/1
	形式	平山城		アクセス	とさでん交通「高知城前」駅から徒歩約5分

御城印情報 ● P143

3

4

1.2. 天守、本丸御殿（懐徳館）、納戸蔵、黒鉄門、西多門、東多門などが国の重要文化財。3.矢狭間や銃眼などを設けた塀も当時のままに残され、見どころのひとつ。4.春はソメイヨシノやヤマザクラなど6種類約225本の桜が咲く。

天守や本丸御殿など15棟の建築物が現存する

天守・本丸御殿
てんしゅ・ほんまるごてん

現存十二天守の中で本丸御殿が唯一残る

本丸に立つ天守は望楼型四重五階。天守台をもたず、高さは約18.5m。1階北東部には、敵の侵入を防ぐために設けた「忍び返し」が現存する。写真上手前は懐徳館（本丸御殿）。築城当初は山内一豊が暮らしていたといい、金箔張りの襖などがあったが、質素な造りに再建された。

本丸御殿の内部も見学できる。

追手門 おうてもん

大手口に立つ櫓門

享和元（1801）年に完成した追手門が現存。2階に石落とし、石垣上に狭間塀を設けるなど実戦に備えた造り。追手門と天守を一緒に写真に収めることができる。

黒漆塗りの詰門も現存している。

石垣 いしがき

水はけのいい野面積みが中心

三の丸には長宗我部元親の時代の石垣も残る。降水量が多い土佐の土地柄を考慮し、石垣には排水路「石樋」を多く設けていた。

旅情を味わうモデルコース

南海の名城・高知城を堪能したら城下を散策。
ミュージアムや史跡、土佐ならではの食など楽しみが尽きない

高知県立高知城歴史博物館

こうちけんりつこうちじょうれきしはくぶつかん

高知城追手門前の
歴史ミュージアム

土佐藩主・山内家に伝わる古文書や美術品などの資料を約6万7000点収蔵。ミュージアムショップや喫茶室もある。

☎088・871・1600 ⊕高知市追手筋2-7-5 ⏰9:00〜18:00(日曜は8:00〜、最終入館17:30) ⊗12/26〜31 ¥一般500円(企画展開催時700円)

ひろめ市場

ひろめいちば

高知を存分に楽しめる
個性豊かな店が集合

土佐藩家老の屋敷跡付近にある屋台村。土佐グルメを堪能できる飲食店をはじめ、鮮魚店や精肉店、雑貨店などが入る。

☎088・822・5287 ⊕高知市帯屋町2-3-1 ⏰9:00〜23:00(日曜は7:00〜) ⊗1/1、ほか年6日程度

はりまや橋

はりまやばし

(公財)高知県観光コンベンション協会提供

高知市中心部にある
赤い欄干の橋

江戸時代初期に御用商人の播磨屋と櫃屋(ひつや)が架けた橋が始まり。はりまや橋公園では復元した橋を見られる。

☎088・823・9457(高知市観光振興課) ⊕高知市はりまや町1 ⏰見学自由

菓舗浜幸 はりまや本店

かほはまこう はりまやほんてん

銘菓「かんざし」は
高知土産の定番

よさこい節にちなんだホイル焼き菓子の「かんざし」をはじめ、土佐のフルーツを使った水菓子や和洋菓子など品揃えは多彩。

☎088・875・8151 ⊕高知市はりまや町1-1-1 ⏰9:00〜19:00 ⊗無休

Model Course

とさでん交通高知城前駅
↓ 徒歩5分
高知城
↓ 徒歩5分
高知県立高知城歴史博物館
↓ 徒歩2分
ひろめ市場
↓ 徒歩10分
はりまや橋
↓ 徒歩すぐ
菓舗浜幸 はりまや本店
↓ 徒歩すぐ
とさでん交通はりまや橋駅

Topics

坂本龍馬
ゆかりの地も
チェック

坂本龍馬の故郷・高知市には、桂浜(写真)など龍馬ゆかりの地が点在。桂浜公園内の坂本龍馬記念館では史料とともに龍馬の功績を紹介。桂浜へははりまや橋からバスで約35分。

83

内郭面積41万㎡に及ぶ九州最大級の平山城

福岡城

ふくおかじょう

二の丸に立つ多聞櫓。内部はイベント時などに公開

千田嘉博のひとこと解説
黒田長政が中心になって
築いた巨大城郭。

約7年かけて完成した
福岡藩黒田氏の居城

　福岡藩初代藩主・黒田長政が、慶長6
（1601）年から約7年かけて築城。東西約
1km、南北約700m、内郭面積41万㎡の
規模を誇り、本丸・二の丸・三の丸、47の
櫓、10以上の城門などがあった。城の周
囲は総延長3kmを超える石垣、高さ7m
以上の土塁、幅約50mの水堀で囲まれて
いた。現在は巨大な天守台のみが残って

いるが、創建当初は天守があったと考え
られている。

　明治以降、城内には一時的に福岡県
庁が置かれたり、陸軍が駐屯したりした。
福岡城跡は、昭和23（1948）年に舞鶴公
園として開園。天守台跡は展望台となっ
ており、福岡市内を一望することがで
きる。

DATA	別名	舞鶴城		TEL	092・732・4801（福岡城むかし探訪館）
	所在地	福岡県福岡市中央区城内		料金	無料
	築城年	慶長6(1601)年		見学時間	見学自由
	築城者	黒田長政		休み	なし（福岡城むかし探訪館12/29〜1/3）
	形式	平山城		アクセス	福岡市営地下鉄「赤坂」駅から徒歩約10分

御城印情報 ● P143

1

2

3

Topics

「福岡城むかし探訪館」で名城を体感

福岡城をCGで再現するバーチャルムービーや福岡市の古地図、福岡城の再現模型などで楽しく学べる。休憩施設も併設。福岡市中央区城内1-4。

1. 平成20（2008）年に二層楼門として復元した下之橋御門。2.東西約25m、南北約22m、高さ約10mと巨大な天守台。3.名島門。長政が名島城から福岡城に移る際、家臣の林掃部（はやしかもん）に名島城の脇門を下げ渡し、掃部は邸宅の門として使用したといわれている。

おすすめ立ち寄りスポット

崇福寺 そうふくじ

黒田家の菩提寺。山門は福岡城表御門から移築したもの。外観のみ見学可。福岡市博多区千代4-7-79。

福岡市博物館 ふくおかしはくぶつかん

国宝「金印」や名鎗「日本号」など、福岡藩主・黒田家に関する資料がある。福岡市早良区百道浜3-1-1。

84 小倉城

全国でも珍しい唐造りの天守は必見!

こくらじょう

天守内部では細川氏や小笠原氏など城ゆかりの人物を紹介

千田嘉博のひとこと解説
天守は唐造りで、近年再整備されて最上階までエレベーターがついた。

野趣あふれる野面積みの石垣に唐造りの天守がそびえ立つ

　慶長7(1602)年、小倉藩初代藩主・細川忠興が築城。約7年かけて完成した四層五階の天守は、唐造りと呼ぶ建築様式で造られており、4階と5階の間にひさしがなく、4階より5階が大きいのが特徴だ。細川氏が肥後へ転封となると、寛永9(1632)年に小笠原氏が入城。以後、明治初期まで小笠原氏の居城となる。

　天保8(1837)年、失火により天守をはじめ本丸が焼失。2年後に再建されたが、その際天守は造られなかった。昭和34(1959)年、市民の要望により天守が再建され、以降北九州市のシンボルとして愛され続けている。平成以降も改修・補強工事を行い、風情あふれる姿を維持している。

DATA				
別名	勝山城、湧金城	TEL	093・561・1210	
所在地	福岡県北九州市小倉北区城内2-1	料金	350円	
築城年	慶長7(1602)年	見学時間	9:00～18:00(11～3月は～17:00、最終入場は閉城の30分前)	
築城者	細川忠興	休み	なし	
形式	平城	アクセス	JR「西小倉」駅から徒歩約10分	

御城印情報 ● P143

1

2

3

Topics

特別開城「小倉城ナイトキャッスル」

夜の小倉城天守に入れる特別イベント。夜景を楽しみながら過ごせる「天守閣バー」がオープンする。天守内の見学も可能。開催日はHPで要確認。

1.通航船の監視を行っていた着見櫓（つきみやぐら）を外観復元し、漬物処として営業。2.巨石を用いた大手門（写真）をはじめ、西の口門など8カ所の門跡が見られる。3.小笠原氏の別邸、下屋敷跡に造られた小倉城庭園。池泉回遊式庭園のほか、江戸時代の武家の書院も再現している。

おすすめ立ち寄りスポット

しろテラス しろてらす

特産品が並ぶ土産店をはじめ、ラウンジや観光案内所、喫茶コーナーなどがある複合施設。小倉城大手門前広場。

旦過市場 たんがいちば

始まりは大正初期。鮮魚店や青果店、惣菜店など約120店が並ぶ。北九州市小倉北区魚町4-2-18。

日本の城のルーツというべき環壕集落

85 吉野ヶ里

よしのがり

北内郭は集落の中で最も重要で神聖な場所であったと想定して復元

千田嘉博のひとこと解説

城のはじまりを体感できる防御集落。

環壕や柵、物見櫓など
内郭を守る防御施設が多数

弥生時代前期、吉野ヶ里丘陵一帯に点在していた小規模なムラから、環壕（かんごう）を巡らせた集落が出現。2.5ヘクタールほどだった環壕集落は、弥生時代後期には40ヘクタールにも及ぶ国内最大級の環壕都市へと発展した。中世城郭によく見られる空堀に似た、総延長約2.5kmの外環壕を掘削し、その内側に北と南の2つの内郭を造り、物見櫓や柵などを設置した。このような防御構造から日本の城の起源というべき環壕集落である。現在、遺跡一帯は吉野ヶ里歴史公園として、環壕集落の最盛期である弥生時代後期後半の姿に復元している。北内郭や南内郭の建物、壕などを復元し、弥生時代の人々の生活を学べる。

DATA	別名	なし		TEL	0952・55・9333(吉野ヶ公園管理センター)
	所在地	佐賀県神埼郡吉野ヶ里町田手1843		料金	吉野ヶ里歴史公園460円
	築城年	弥生時代		見学時間	9:00～17:00(6～8月は～18:00)
	築城者	－		休み	1月の第3月とその翌日、12/31
	形式	平城		アクセス	JR「吉野ケ公園」駅・「神埼」駅から徒歩約15分

1

3

Topics

弥生時代中頃の北部九州特有の棺「甕棺」

甕棺(かめかん)とは、土器に亡くなった人の手足を折り曲げて入れ、土の中に埋める埋葬法。吉野ヶ里ではさまざまな場所にまとまって埋葬されている。

佐賀県提供

1. 王や支配者層の人々の居住空間であったとされる南内郭。物見櫓や竪穴住居を復元。2. 敵の侵入を防ぐため、外環壕の外に土塁や逆茂木(さかもぎ)を復元している。3. 南内郭の南に立つ櫓門。出入口に設置した櫓から門を出入りする人々を見張ったと想定して復元した。

おすすめ立ち寄りスポット

ひがしせふり温泉 山茶花の湯

ひがしせふりおんせん さざんかのゆ

佐賀平野と脊振(せふり)山地を一望できる露天風呂が人気。食事処などもあり、設備充実。吉野ヶ里町石動76-4。

白角折神社

おしとりじんじゃ

樹齢1000年を超える楠の大木は樹高約26m、根回り約27mと迫力がある。神埼市神埼町城原3437。

86 佐賀城

鍋島氏が拡張整備した典型的な平城

さがじょう

屋根の両端に青銅製のしゃちほこがのっている鯱の門

木造復元した本丸御殿と
現存する鯱の門が見どころ

戦国大名龍造寺氏の居城だった城を鍋島直茂・勝茂父子が、四方を幅約80mの堀で囲った平城へと拡張整備した。佐賀藩初代藩主の勝茂が慶長16(1611)年に入城後、幕末まで鍋島氏の居城となる。享保11(1726)年の火災で、天守をはじめ、多くの建物が焼失。その後二の丸のみ再建したが、天保6(1835)年の大火で全焼した。同9(1838)年、十代藩主の鍋島直正が本丸御殿や本丸正門として鯱の門を建造。

明治以降、鯱の門を除いて、城内の建物が順次解体された。平成16(2004)年、本丸御殿の一部を木造復元、令和2(2020)年に本丸御殿の奥部分を平面表示した。

DATA	別名	栄城		TEL	0952・41・7550(佐賀県立佐賀城本丸歴史館)
	所在地	佐賀県佐賀市城内2-18-1		料金	無料
	築城年	慶長13(1608)年		見学時間	9:30~18:00
	築城者	鍋島直茂・勝茂		休み	12/29~1/1
	形式	平城		アクセス	JR「佐賀」駅からバスにて約10分、バス停「博物館前」からすぐ

御城印情報 ● P143

1. 南西隅櫓台では、亀の甲羅のような形に整形した石を組み合わせた亀甲乱積みという珍しい手法で積まれた石垣を見られる。2. 本丸御殿の一部を復元し、平成16(2004)年に佐賀城本丸歴史館としてオープン。3. 移築復元した藩主の居室、御座間(ござのま)。

Topics

本丸跡に立つ「佐賀県立佐賀城本丸歴史館」

約2500㎡の広さを誇る歴史館には、「幕末維新期の佐賀」をテーマにさまざまな資料を展示。本丸御殿を3Dで体感できる「バーチャル佐賀城」などもある。

おすすめ立ち寄りスポット

佐賀県立美術館 さがけんりつびじゅつかん

佐賀県出身の洋画家・岡田三郎助などの作品を紹介。佐賀県立博物館に隣接。佐賀市城内1-15-23。

佐賀県立美術館提供

三重津海軍所跡 みえつかいぐんしょあと

江戸時代末期に佐賀藩が置いた海軍技術の教練所跡。世界遺産の構成資産。佐賀市川副町、諸富町。

佐賀市提供

87

秀吉が朝鮮出兵の拠点として造った陣城

名護屋城

なごやじょう

五層七階の天守があった天守台。玄界灘を見渡せる

千田嘉博のひとこと解説
名護屋城内の草庵の茶室の
整備が進んでいる。

築城期間はわずか数カ月
約7年しか使われなかった城

　天正19（1591）年、天下統一を果たした豊臣秀吉が文禄・慶長の役のための拠点として、朝鮮半島に近い東松浦半島北端に築いた陣城。割普請（諸大名の分担作業）によって、総面積約17ヘクタールにも及ぶ城がわずか数カ月で完成したといわれる。秀吉の在陣は1年ほどだったが、城の周囲には徳川家康や伊達政宗といった諸大名の陣屋が150ほどあり、城下には全国から約20万人もの人々が集まったとされる。

　慶長3（1598）年の秀吉の死後、日本軍は朝鮮半島から撤退し、名護屋城は廃城となる。城内の建物の多くは、江戸時代に唐津藩初代藩主の寺沢広高が唐津城築城の際に移築したと伝わる。

DATA	別名	なし		TEL	0955・82・5774（名護屋城跡観光案内所）
	所在地	佐賀県唐津市鎮西町名護屋		料金	無料（歴史遺産維持協力金100円）
	築城年	天正19(1591)年		見学時間	見学自由（名護屋城博物館9:00～17:00）
	築城者	豊臣秀吉		休み	なし（名護屋城博物館は月（祝日の場合翌平日）、12/29～1/3）
	形式	平山城		アクセス	JR「西唐津」駅からバスにて約50分、バス停「名護屋城博物館入口」から徒歩約5分

御城印情報 ● P143

1

2

3

1. 山里口（山里丸出入口）は、秀吉の居館や茶室などがあった山里丸に最も近い登城口。2. 城の正面玄関にあたる大手口。人や物資を輸送するために造った太閤道（軍用道）が唐津まで延びている。3. 名護屋城内には、破却した石垣が随所に残っている。

Topics

城の歴史を紹介する「佐賀県立名護屋城博物館」

常設展示は、原始・古代から近現代までの日本列島と朝鮮半島との交流史がメインテーマ。秀吉や名護屋城のゆかりの品々を展示。唐津市鎮西町名護屋1931-3。

おすすめ立ち寄りスポット

堀秀治陣跡 ほりひではるじんあと

越前北ノ庄城を居城とする戦国大名・堀秀治の陣跡。御殿や能舞台の跡が残る。唐津市鎮西町名護屋。

呼子朝市 よぶこあさいち

大正時代から続くといわれ、元日を除き毎日開かれる。日本三大朝市のひとつ。唐津市呼子町呼子。

石高に見合わないほどの壮大な城郭だった

88 島原城

しまばらじょう

松倉氏が築城し
4氏19代の居城となる

　島原に4万石で入封した松倉重政が、元和4（1618）年から約7年かけて築いた城で、本丸には五重五階の天守と3基の三重櫓があった。東西約360m、南北1260mの外郭には33基の平櫓があり、外郭の周囲を総延長約4kmの矢狭間塀が巡っていた。高石垣を重層的に用いた先進的な設計で、4万石の大名としては分不相応ともいわれる大規模な城郭が完成した。

　しかし、築城のための重税、過酷な年貢の取り立て、キリシタンの弾圧などが要因となり、寛永14（1637）年に農民たちが島原・天草一揆を起こす。一揆鎮圧後、松倉氏に代わって高力氏が入城。その後、松平氏、戸田氏、ふたたび松平氏と城主は転々とした。

　廃城令で民間に払い下げとなり、明治9（1876）年までに城内のすべての建物を解体。石垣と堀のみが残った。昭和35（1960）年に西の櫓を再建。同39（1964）年に天守、同47（1972）年に巽の櫓、同55（1980）年に丑寅の櫓などを復元した。

千田嘉博のひとこと解説
石垣の変形などが各所に見られ、一日も早く国史跡に指定して保護と修理が進むことが望まれる。

1

2

DATA	別名	森岳城	TEL	0957・62・4766(島原観光ビューロー)
	所在地	長崎県島原市城内1-1183-1	料金	550円
	築城年	寛永元(1624)年	見学時間	9:00~17:30
	築城者	松倉重政	休み	なし
	形式	平城	アクセス	島原鉄道「島原」駅から徒歩約10分

御城印情報 ● P143

3

4

1.復元した五重五階の天守。2.堀沿いに約250本の桜が咲く。藩政時代から桜の名所だった。3.秋には赤や黄に染まった木々と天守の共演が見られる。4.土・日曜、祝日開催の「島原城 夜の陣」。天守のライトアップや夜の館内見学を楽しめる。

江戸期の石垣が残る。復元整備した建物は史料館として利用

西の櫓 にしのやぐら

明治の廃城以降城内で最初に再建された

本丸にあった3基の三重櫓のひとつで、昭和35（1960）年に復元。全国の名城画やこけしなどを展示する。三重櫓のほかの2基も復元しており、巽の櫓は西望記念館、丑寅の櫓は民具資料館となっている。

天守内部 てんしゅないぶ

内部の史料館と最上階の景色も必見

復元天守の1階にはキリシタン史料、2階には郷土史料、3階には民俗史料を展示。キリシタン文化や島原・天草一揆など、島原地方の歴史を学べる。5階は島原市内を一望できる展望所となっている。

高石垣 たかいしがき

屏風折れの高石垣が見事

死角をなくして防御性を高めるため、屈曲を10カ所以上重ねた屏風折れの高石垣。打ち込みハギの石垣で、隅角部分には算木積みの技法を用いている。城の解体後も石垣は残ったが、近年、傷みが目立つようになった。南東から本丸を眺めると、高石垣の上に天守（左）と巽の櫓（右）が見られる。

旅情を味わうモデルコース

島原城の周囲には城下町の雰囲気が味わえる
建物や通りが多く残っていて町歩きが楽しい

武家屋敷
ぶけやしき

江戸時代の武士の生活を
うかがい知れる

島原城の西に位置する、下級武士が暮らしていた屋敷跡。全長406.8mの町並みを保存、3軒の武家屋敷を無料で公開する。

☎ 0957・63・1087（武家屋敷売店）🈺島原市下の丁 🕘9:00〜17:00 🈳無休

元祖 具雑煮 姫松屋 本店
がんそ ぐぞうに ひめまつや ほんてん

魚介類と野菜が入った
具だくさんの雑煮

島原地方で正月などに食べる郷土料理「具雑煮」を味わえる。餅のほか、白菜、焼きアナゴなど山海の幸をふんだんに使用。

☎ 0957・63・7272 🈺島原市城内1-1208 🕘11:00〜19:00 🈳第2火（変更の場合あり）

鯉の泳ぐまち
こいのおよぐまち

色とりどりの鯉が泳ぐ
風情あふれる町並み

全長100mの水路を紅白、三色、黄金などの鯉が優雅に泳いでいる。水路のほか、湧水庭園四明荘などで見られる。
しめいそう

☎ 0957・63・1111（しまばら観光課）🈺島原市新町

猪原金物店
いのはらかなものてん

趣ある町屋造りの建物で
買い物＆ティータイム

明治10（1877）年創業。刃物・金物を販売するほか、店内奥の「茶房 速魚川」では地元食材を使った料理を提供する。
さ ぼう はや め がわ

☎ 0957・62・3117 🈺島原市上の町912 🕘9:30〜18:00（茶房 速魚川は11:00〜）🈳水（茶房 速魚川は水、第3木）

Model Course

島原鉄道島原駅

↓ 徒歩13分

武家屋敷

↓ 徒歩7分

島原城

↓ 徒歩2分

元祖 具雑煮 姫松屋 本店

↓ 徒歩10分

鯉の泳ぐまち

↓ 徒歩7分

猪原金物店

↓ 徒歩3分

島原鉄道島原駅

Topics

島原の湧水で冷やすスイーツ「かんざらし」

島原の湧水で冷やしたモチモチの白玉に、砂糖やはちみつなどで作るシロップをかけた島原の伝統的スイーツ。島原城本丸売店をはじめ、市内20店以上の飲食店で食べられる。写真はイメージ。

89

三方を平戸瀬戸に囲まれた亀岡山に立つ城
平戸城

ひらどじょう

右から三層五階の模擬天守、見奏櫓（けんそうやぐら）

千田嘉博のひとこと解説
山鹿流の軍学を取り入れた設計だった。

一国一城令の制定後に
幕府の許可を得て築城

　慶長4（1599）年、平戸瀬戸に突き出した亀岡に、松浦氏二十六代当主の鎮信が日の岳城を築いたが、同18（1613）年に鎮信自らが放火して焼き払った。元禄17（1704）年に平戸藩五代藩主の松浦棟が日の岳城跡に新城の築城を始めた。一国一城令により新城の築城には幕府の許可が必要だったが、同16（1703）年に棟が寺社奉行に着任したことを機に築城が認められた。儒学者・山鹿素行に築城指導を受けて、享保3（1718）年に平戸城が完成。明治6（1873）年の廃城令を受けて廃城となり、ほとんどの建物が取り壊された。昭和37（1962）年に模擬天守を建造。令和3（2021）年4月に平成の大規模改修を終えた。

DATA	別名	亀岡城、日の岳城	TEL	0950・22・2201
	所在地	長崎県平戸市岩の上町1458-1	料金	520円
	築城年	元禄17(1704)年	見学時間	8:30~18:00(10~3月は~17:00)
	築城者	松浦棟	休み	12/30・31
	形式	平山城	アクセス	松浦鉄道「たびら平戸口」駅からバスにて約10分、バス停「平戸市役所前」から徒歩約10分

御城印情報 ● P143

1

2

3

1. 天守最上階の展望所からは平戸瀬戸を一望できる。デジタルアートを用いた体験型展示を通して、平戸の歴史を楽しく学べる。2.北虎口門(きたこぐちもん)は平戸城に現存する唯一の木造遺構。3.二の丸東部に立つ懐柔櫓(かいじゅうやぐら)。

Topics

3万点以上の史料を収蔵する「松浦史料博物館」

松浦家に伝わる貴重な品々の中から約200点を展示。建物は明治26(1893)年に松浦家の私邸として建てられた鶴ヶ峯邸。平戸市鏡川町12。

おすすめ立ち寄りスポット

平戸オランダ商館
ひらどおらんだしょうかん

日本初の西洋の石造建造物とされる「1639年築造倉庫」を復元した。当時の貿易品を展示。平戸市大久保町2477。

平戸ザビエル記念教会
ひらどざびえるきねんきょうかい

丘の上にあるゴシック様式の教会堂。昭和6(1931)年に現在地に建てられた。平戸市鏡川町259-1。

熊本県｜熊本市

築城の名手・加藤清正が築いた堅城

90 熊本城

くまもとじょう

築城から270年後の西南戦争で
西郷軍の猛攻を耐えしのぐ

　肥後の領主として入国した加藤清正が茶臼山一帯に築城。慶長12（1607）年に本丸が完成。約98万㎡の城域内には、大小天守をはじめ49の櫓、18の櫓門、29の城門があったといわれる。武者返しと呼ぶ、上部にいくほど反りが激しくなる高石垣や、竹の丸から飯田丸に向かって5回折れ曲がる連続枡形など、敵の侵入を防ぐための工夫を随所に施した。寛永9（1632）年に加藤氏が改易となり、以後明治まで細川氏の居城となる。

　廃藩置県後、本丸に熊本鎮台本営を設置。明治10（1877）年の西南戦争では、開戦直前の火災によって天守や本丸御殿などが焼失したものの、西郷隆盛率いる薩摩軍の猛攻を50日以上にも及ぶ籠城で耐えしのいだ。

　昭和35（1960）年に大・小天守を再建して以降、櫓、塀、本丸御殿などを次々と復元。平成28（2016）年の熊本地震によって、天守や国指定重要文化財建造物13棟などが被災、50カ所で石垣が崩落するなど甚大な被害を受けた。令和3（2021）年春に大・小天守の修復が完了。

熊本城総合事務所提供

千田嘉博のひとこと解説

2016年の地震からよみがえりつつある。本丸までの特別見学通路や天守のスロープやエレベーターなど、すべての人に開かれた新基準の城跡整備を熊本市は実践している。

1

2

DATA	別名	銀杏城		TEL	096・223・5011（熊本城運営センター）
	所在地	熊本県熊本市中央区本丸1-1		料金	800円
	築城年	慶長12(1607)年		見学時間	9:00〜17:00(最終入場16:30)
	築城者	加藤清正		休み	12/29〜31(変更の場合あり)
	形式	平山城		アクセス	JR「熊本」駅からバスにて約30分、バス停「熊本城・二の丸駐車場」からすぐ

御城印情報 ● P143

3

4

1.右から三重六階、地下1階の大天守、二重四階、地下1階の小天守。2.春には約800本の桜が咲き誇る。3.高さ約6m、長さ約350mの特別見学通路から大天守や本丸御殿を望める。4.南の防衛拠点・竹の丸にある長塀。坪井川沿いに約242m続く。

往時の雰囲気を
体感できる建造物と
多彩な展示が魅力

本丸御殿 ほんまるごてん

華やかな大広間と
珍しい地下通路

平成20(2008)年、発掘調査や絵図などを元に復元。きらびやかな大広間「昭君之間」には、かつて狩野派の絵師が描いた障壁画を再現。本丸御殿の床下には国内でも珍しい地下通路「闇り通路」がある。

天守内部 てんしゅないぶ

築城から再建までの歴史をたどる

1/10サイズの天守の軸組模型や武具などを展示している。熊本地震の被災・復旧についても映像などで紹介。さわれるハンズオンの展示もある。石垣や井戸などの現存遺構を見ることができる。

宇土櫓 うとやぐら

第三の天守とも称される五階櫓

本丸の西にある平左衛門丸に立つ、三重五階、地下1階の櫓。その規模と、大天守同様に四面に巨大な破風を設けた造りから、「第三の天守」とも呼ばれる。築城当初から現存する唯一の多重櫓で、国指定重要文化財。

※本丸御殿と宇土櫓は、平成28(2016)年の熊本地震で被災し、令和3(2021)年8月現在内部の見学はできません。

旅情を味わうモデルコース

広大な熊本城を回るには2時間以上はみておきたい。
周辺の名所や熊本名物も満喫するなら半日は確保しよう

桜の馬場 城彩苑
さくらのばば じょうさいえん

熊本ならではの
土産とグルメが揃う

土産物店、飲食店が並ぶ「桜の小路」と、VRなどで熊本城について学べる「熊本城ミュージアムわくわく座」がある。

☎096・288・5577（食事処・土産処 桜の小路）🏠 熊本市中央区二の丸1-1 🕐 🚫 施設・店舗により異なる 💰 無料（熊本城ミュージアムわくわく座は一般850円、熊本城と共通）

加藤神社
かとうじんじゃ

熊本城本丸に立つ
清正を主神とする神社

熊本城を築城した加藤清正を祀る。明治4（1871）年、錦山神社として建立。昭和37（1962）年に現在の場所に遷宮した。

☎096・352・7316 🏠 熊本市中央区本丸2-1 🕐 見学自由 🚫 無休 💰 無料

熊本県伝統工芸館
くまもとけんでんとうこうげいかん

熊本の伝統工芸品を
展示・販売する施設

肥後象嵌や小代焼など、熊本の伝統的工芸品を数多く展示する。鑑賞後は、館内のショップで買い物を楽しもう。

☎096・324・4930 🏠 熊本市中央区千葉城町3-35 🕐 9:30〜17:30 🚫 月（祝日の場合翌日）、12/28〜1/4 💰 無料（2階企画・常設展示室は一般210円）

熊本馬肉ダイニング 馬桜 下通り店
くまもとばにくだいにんぐ うまざくらしもとおりてん

馬刺し、桜鍋など
多彩な馬肉料理を堪能

名物の馬刺しは、たてがみやフタエゴ（バラ）などさまざまな部位を楽しめる。馬肉を使ったピザなど創作料理も充実。

☎096・355・8388 🏠 熊本市中央区下通1-12-1 光園ビル2階 🕐 16:00〜23:00（土日祝は12:00〜15:00、17:00〜23:00） 🚫 無休

Model Course

JR熊本駅

↓ バス12分 ＋徒歩5分

桜の馬場 城彩苑

↓ 徒歩すぐ

熊本城

↓ 徒歩すぐ

加藤神社

↓ 徒歩5分

熊本県伝統工芸館

↓ 徒歩13分

熊本馬肉ダイニング 馬桜 下通り店

↓ 徒歩5分 ＋バス18分

JR熊本駅

Topics

熊本城天守の
ライトアップも
見逃せない！

令和3（2021）年8月に天守のライトアップを一新。夕日や朝日をイメージしたライトアップなど、時間の経過とともに色や照射角度が変化する。点灯は日没から24:00まで、日の出の前60分を予定。

熊本県｜人吉市

91

球磨地方を約670年間治めた相良氏の居城

人吉城

ひとよしじょう

球磨川沿いに続く長塀。角櫓（左）と多門櫓（右）を結ぶ

> **千田嘉博のひとこと解説**
>
> 石垣の城の背後に中世の土づくりの城があり、中心部はほぼ同じ設計だった。

西洋の築城技術を応用した
はね出しの石垣が現存

　建久9（1198）年、人吉荘に下向した相良長頼が築いたと伝わる。天正17（1589）年に二十代当主・相良長毎が城の大改修に着手。球磨川とその支流の胸川を天然の堀として利用した、石垣造りの近世城郭へと整備した。文久2（1862）年の火災で城内の多くの建物が焼失。この大火を機に防火と防衛目的で、西洋の築城技術を用いたはね出し（武者返し）の石垣を造った。廃藩置県で廃城となる。明治10（1877）年の西南戦争では、西郷軍が三の丸に陣を敷いた。

　昭和36（1961）年、国の史跡に指定。平成5（1993）年に多門櫓、角櫓、長塀を復元した。令和2（2020）年の水害で大きな被害を受けて修理が進む。

DATA				
別名	三日月城、繊月城	TEL	0966·22·2324	
所在地	熊本県人吉市麓町	料金	無料	
築城年	建久9(1198)年、文明2(1470)年、天正17(1589)年	見学時間	見学自由	
		休み	なし	
築城者	相良長頼・為続・長毎	アクセス	JR「人吉」駅から徒歩約20分（JR肥薩線は2020年の豪雨被害のため運休中、高速バス停留所「人吉IC」から徒歩約25分）	
形式	平山城			

1

2

3

1.明治初期に城外に移築された堀合門を元に、平成19(2007)年に新築復元。2.「下の御門」と呼ばれた御下門の跡。石垣のみ残る。3.はね出しの石垣は石垣上部に突き出した石材が特徴。西洋の築城技術「槹出（はねだし）工法」を応用した、全国でも珍しい石垣。

Topics

新宮家の屋敷跡「武家蔵（武家屋敷）」

相良藩の相良一族である新宮家の屋敷跡。正面に立つ堀合門は人吉城から移築したもの。焼酎アイスなどを味わえるカフェを併設。人吉市土手町35。

熊本県提供

おすすめ立ち寄りスポット

青井阿蘇神社
あおいあそじんじゃ

大同元(806)年創建と伝わる。本殿などが熊本県で初めて国宝に指定された。人吉市上青井町118。

HASSENBA HITOYOSHI KUMAGAWA
はっせんば ひとよし くまがわ

物産品を扱うショップや人吉城跡を望むテラスなどがある。ラフティングの受付も。人吉市下新町333-1。

国際都市として栄えた豊後の要所

92 大友氏館

おおともしやかた

大友氏館跡の復元庭園。現在も調査が続いている

千田嘉博のひとこと解説
世界に名をとどろかせた大友宗麟の公の城。整備が進む。

キリシタン大名として
隆盛を極めた大友氏の居館

　鎌倉時代から戦国時代まで豊後府内を治めた大友氏の館城。二十一代大友宗麟は領内でキリスト教の保護、外国との貿易を積極的に進め、府内を貿易都市として発展させた。館は約200m四方の敷地があり、戦国大名の中では全国屈指の規模を誇る。天文20（1551）年、この館にフランシスコ・ザビエルを招き、ポルトガル船来航の約束を交わした場でもある。館を中心に南北約2.1km、東西約0.7kmの規模の町が広がり、南北4本、東西5本の格子状の道路が町に整備されていた。平成10（1998）年から始まった発掘調査により、庭園跡などが発見された。現在、復元した東西67m、南北30mの庭園が一般公開されている。

DATA	別名	なし	TEL	097・578・9191(南蛮BVNGO交流館)
	所在地	大分県大分市顕徳町3-2-45	料金	無料
	築城年	14世紀後半	見学時間	見学自由、大友氏館跡庭園9:00~17:00(最終入場16:30)
	築城者	大友親世	休み	第1月・祝日・振替休日を除く月、開園した月の翌日、祝日の翌日、12/28~1/4
	形式	館	アクセス	JR「大分」駅から徒歩約15分

1

2

3

Topics

「南蛮BVNGO(ぶんご)交流館」で往時を体感

大友氏遺跡や大友宗麟を展示や映像などで紹介。かつての大友氏館をCGで楽しめるシアターコーナーや当時の衣装を着て記念撮影ができる体験も。敷地内にある。

1.庭園にはゴヨウマツ、モミジ、ヤナギ、ヤマザクラなどを植樹。発掘調査で池の土を分析した際に得た種子や花粉の情報から樹木を選定した。2.調査時に白玉砂利を敷いた場所が見つかった。3.庭園の池には、滝などを表現した巨石を配している。優美な往時の姿を感じられる。

おすすめ立ち寄りスポット

お菓子の菊家 総本店 おかしのきくや そうほんてん

キリシタン大名の大友宗麟にちなんだ「ドン・フランシスコ」など、大分銘菓が種類豊富。大分市府内町1-6-18。

大分市美術館 おおいたしびじゅつかん

福田平八郎や髙山辰雄ら、大分にゆかりのある作家の作品などを収蔵・展示している。大分市上野865。

水に浮かぶ船のような城郭

93 府内城

ふないじょう

大分市教育委員会提供

西の丸南西隅櫓。焼失した5つの櫓を昭和41（1966）年に復元した

千田嘉博のひとこと解説
中心部しか残らないが、細やかな設計を現地で体感できる。

現存する堀や石垣の調和で
往時に思いをはせる

　慶長4（1599）年、福原直高が大分川の河口「荷落」という地に本丸、二の丸、三の丸を完成させた。この時、「荷落」の名を嫌った直高は、城の名を「荷揚城」と名付けた。

　府内城の名は同6（1601）年に城主となった竹中重利によるもの。重利は天守などを完成させ、商船のための港など城下町整備にも力を尽くした。かつては海に近く、広大な外堀と内堀に囲まれており、曲輪の間を廊下橋でつなげていた。水上に白土の塀が浮かんでいるような佇まいから白雉城とも呼ばれた。現在の廊下橋は平成8（1996）年に復元したもの。江戸時代からの人質櫓と宗門櫓が現存している。

DATA					
	別名	荷揚城、白雉城		TEL	097・537・5639(大分市文化財課)
	所在地	大分県大分市荷揚町4		料金	無料
	築城年	慶長2(1597)年、慶長7(1602)年		見学時間	見学自由
	築城者	福原直高、竹中重利		休み	なし
	形式	平城		アクセス	JR「大分」駅から徒歩約10分

※大分城址公園の内苑はPCR用検体採取場設置のため、当面の閉入園不可

1

2

3

1. 現在は大分城址公園として市民に親しまれている。春はソメイヨシノが堀を彩る。2.野面積みの天守台石垣。四重の天守が立っていたが、寛保3(1743)年の大火で焼失。その後、再建しなかった。3.山里丸と西の丸を結ぶ渡り廊下「廊下橋」。内部見学もできる。

Topics

府内城の北西に鎮座する「松栄神社」

府内城山里丸跡にある松栄神社は、享保14(1729)年に府内藩六代藩主・松平近儔(ちかとも)が創建。松平近正、松平一生(かずなり)親子を祀る。

おすすめ立ち寄りスポット

こつこつ庵 こつこつあん

とり天や関サバなど、大分名物を味わえる郷土料理店。地元の旬の味覚も楽しめる。大分市府内町3-8-19。

CITY SPA てんくう してぃ すぱ てんくう

JR大分駅ビルにある天然温泉施設。展望露天風呂では大分市街や別府湾などを眺めながら入浴できる。

94 岡城

地形を生かした難攻不落の堅城

おかじょう

三の丸北側に残る高石垣

美しさと強さを兼ね備えた
多様な石垣から感じる粋

　稲葉川と白滝川に挟まれた舌状台地上にある海抜325mの要害で、当初は土塁や空堀などによる山城だった。3度にわたり薩摩の島津軍に攻め入られたが、いずれもこれを撃退している。文禄3（1594）年から慶長元（1596）年にかけて岡藩初代藩主・中川秀成が断崖絶壁上を石垣で取り囲み、その上に塀や櫓などを備え

た総石垣造りへ改修を行った。各曲輪、門、櫓などはすべて石垣が囲み、切り込みハギ、打ち込みハギといった加工の違いや、石が横に一直線になるように重ねる布積み、石を斜めに落とし込む谷積み、乱積み、算木積みなど、高い石積技術を現在も楽しめる。整備によって高石垣がよく見えるようになった。

DATA	別名	臥牛城		📞	0974・63・1541
	所在地	大分県竹田市大字竹田2889		料金	300円
	築城年	文治元(1185)年(伝承)、文禄3(1594)年		見学時間	9:00～17:00
	築城者	緒方惟栄(伝承)、中川秀成		休み	12/31～1/3
	形式	山城		アクセス	JR「豊後竹田」駅から岡城料金所まで徒歩約20分

御城印情報 ● P143

1

3

Topics

武家屋敷に残る「キリシタン洞窟礼拝堂」

大友氏の家臣で志賀家最後の岡城主、志賀親次(ちかつぐ)は熱心なキリシタンだった。岩盤内に祭壇があり、ひそかな信仰の場となっていたと伝わる。竹田市殿町。

1.三の丸北側から二の丸にかけて高石垣を築いた。三の丸の石垣は屛風のようになっており、堅い防御を誇った。2.西の丸の石段。西の丸には岡藩三代藩主・中川久清が隠居後の住まいとして建てた御殿があった。3.三の丸入口の太鼓櫓門では切り込みハギの石垣が見られる。

おすすめ立ち寄りスポット

武家屋敷通り(歴史の道)

ぶけやしきどおり(れきしのみち)

立ち並ぶ土塀に往時の面影をうかがえる。通り周辺には神社や史跡、資料館などが点在。竹田市殿町。

竹田市歴史文化館・由学館

たけたしれきしぶんかかん・ゆうがっかん

岡城について学べるガイダンス施設をはじめ、ギャラリーや展示室などがある。隈研吾氏設計。竹田市竹田2083。

95 臼杵城

臼杵湾に浮かぶ孤島の城郭

うすきじょう

古橋口からの眺め。天守台石垣などが残っている

千田嘉博のひとこと解説
本来は海に突き出した島だった。城からまっすぐに延びる道は大友宗麟が整備した。

戦国時代から泰平の世まで
歴史と共に変貌を遂げた

弘治2(1556)年、大友宗麟が臼杵湾の丹生島に築いた。現在は陸続きの土地になっているが、かつては北、東、南を海に囲まれ、高い防御を誇る天然の要害だった。大友氏、福原氏、太田氏、稲葉氏と領主が替わる中で度々大きな改修があり、16世紀から18世紀にかけての石垣工法の変遷を今なお見ることができる。

天守台の石垣は、大きな築石、不規則に角石を積む16世紀のもの。大門櫓脇の石垣は18世紀の亀甲積み、腰曲輪の石垣は19世紀前半の布積みである。

福原氏の時代には、本丸と二の丸の場所を入れ替えており、本丸の地盤が3m低い位置にあるという珍しい構造になっている。

DATA	別名	丹生島城、亀城		TEL	0972・63・1715(臼杵市観光交流プラザ)
	所在地	大分県臼杵市臼杵丹生島91		料金	無料
	築城年	弘治2(1556)年		見学時間	見学自由
	築城者	大友義鎮(宗麟)		休み	なし
	形式	平山城(海城)		アクセス	JR「臼杵」駅からバスにて約5分、バス停「辻口」から徒歩5分

御城印情報 ◉ P143

1

3

1. 大友氏の時代から登城路として使っていた道「鐙坂」。2.卯寅口門脇櫓(うとのぐちもんわきやぐら)も現存。嘉永年間の再建で、火薬庫だった。現在、城跡は臼杵公園として整備されている。3.現存する櫓のひとつ、畳櫓。天保年間に再建したものが今も残る。

Topics

旧臼杵藩主の屋敷「稲葉家下屋敷」

旧臼杵藩主・稲葉家の屋敷として明治35(1902)年に建てた。隣接の旧平井家住宅は安政6(1859)年築。ギャラリーや茶房などがある。臼杵市臼杵6-6。

おすすめ立ち寄りスポット

臼杵八坂神社 うすきやさかじんじゃ

承徳元(1097)年創建。臼杵城主・太田一吉の命で三の丸(現在地)に社殿を造営。臼杵市臼杵1。

龍原寺 りゅうげんじ

慶長5(1600)年、円誉上人が龍を昇天させて開山したと伝わる。聖徳太子を祀る三重塔がある。臼杵市福良134-1。

96 延岡城

九州屈指の高さを誇る石垣に注目

のべおかじょう

打ち込みハギの高石垣

千田嘉博のひとこと解説
「千人殺しの石垣」という通称
は、明治以降に作られた話なの
で注意。

力強さと迫力を感じる石垣と
現在も時を告げ続ける鐘

　慶長8（1603）年、初代延岡藩主・高橋
元種が3年かけて完成させた。天守台、
本丸、二ノ丸、三ノ丸、西ノ丸からなる
宮崎県を代表する近世城郭。現在は石
垣が残り、最大のものは高さ約19mの高
石垣。下部は花崗岩で上部は砂岩と、材
質が異なる。「千人殺しの石垣」とよく
紹介されるが、これは近代以降に創作し

た話で史実ではない。北大手門は平成5
（1993）年、発掘調査結果と江戸時代の
絵図を元に復元したもの。

　明治11（1878）年に今山八幡宮からこ
の地へ移設した城山の鐘は、延岡城・内
藤記念博物館に展示されている。現在の
鐘は昭和38（1963）年に設置した二代目
である。

DATA	別名	亀井城、縣城		TEL	0982・22・7022（延岡市都市計画課）
	所在地	宮崎県延岡市東本小路		料金	無料
	築城年	慶長8（1603）年		見学時間	見学自由
	築城者	高橋元種		休み	なし
	形式	平山城		アクセス	JR「延岡」駅から徒歩約25分

1

2

3

1.城跡は城山公園として整備されている。築城当時の石垣などが残る。2.天守台跡。春は桜が咲き誇る。12〜3月はヤブツバキが見頃に。3.北大手門。発掘調査ではぞ穴や礎石の位置などが確認された。東側の石垣には刻印が見られる。

Topics

西ノ丸跡に立つ「延岡城・内藤記念博物館」

原始・古代から近代の史料や美術作品を収蔵。江戸時代最後の藩主、内藤家旧蔵の能面なども見られる。令和4（2022）年9月リニューアルオープン予定。

おすすめ立ち寄りスポット

今山八幡宮 いまやまはちまんぐう

天平勝宝2（750）年の創建で、今山に鎮座する。歴代藩主の崇敬も厚かった。延岡市山下町1-3875。

七万石菓子舗 ななまんごくかしほ

創業明治6（1873）年。「七万石羊羹」や「日向のかほり」など、老舗の技が光る菓子を販売。延岡市安賀多町2-6-2。

97

島津氏の城の最終形態

鹿児島城

かごしまじょう

鹿児島県文化振興課提供

高さ、幅ともに約20mと巨大な御楼門（復元）

千田嘉博のひとこと解説
御楼門が復元されて、城らしさを体感できる。

約150年ぶりに復活した
城のシンボル「御楼門」

　慶長6（1601）年頃、のちに薩摩藩初代藩主となる島津忠恒（家久）が築城を開始し、慶長末頃に完成したといわれる。背後にそびえる標高107mの城山に本丸、二の丸を置き、城山の東麓に藩主の居館として御殿を建てた。江戸時代後半になると、藩内では藩政の中心であった麓の居館を本丸、二の丸と呼ぶようになった。廃城後には鎮西鎮台第二分営が置かれたが、明治6（1873）年に本丸や国内最大級の規模を誇った城門「御楼門」が焼失。さらに、焼け残った二の丸も明治10（1877）年の西南戦争で焼失した。現在は石垣や堀の一部、令和2（2020）年に復元した御楼門などを見ることができる。

DATA					
	別名	鶴丸城	TEL	099・222・5100(鹿児島県歴史資料センター 黎明館)	
	所在地	鹿児島県鹿児島市城山町7-2	料金	黎明館400円	
	築城年	慶長6(1601)年頃	見学時間	9:00〜18:00(最終入場17:30)	
	築城者	島津忠恒(家久)	休み	月(祝日の場合は翌日)、土・日曜を除く毎月25日、12/31〜1/2	
	形式	平山城	アクセス	鹿児島市電「市役所前」駅から徒歩約5分	

鹿児島県歴史・美術センター黎明館提供

1

2

3

Topics

幕末から受け継がれる鹿児島銘菓「かるかん」

薩摩藩主・島津斉彬が江戸から招聘した菓子職人が自然薯などを使った現在のかるかんを考案したと伝わる。写真はかるかん元祖明石屋。鹿児島市金生町4-16。

1. 鬼門にあたる北東部の石垣は、鬼門除けのため隅欠(すみおとし)という角を切り取った形をしている。堀の蓮の花の見頃は6月中旬から7月頃。2. 御楼門の枡形の石垣には西南戦争の銃・砲弾痕が残る。3. 武具類を保管していたといわれる御兵具所(おひょうぐしょ)跡。

おすすめ立ち寄りスポット

仙巌園 せんがんえん

江戸時代に築かれた島津家の別邸。雄大な桜島と錦江湾を望める大名庭園。鹿児島市吉野町9700-1。

城山公園展望台 しろやまこうえんてんぼうだい

見晴らしがよく、桜島や錦江湾、市街地を一望できる。西南戦争の最後の激戦地。鹿児島市城山町。

98 首里城

中国と日本の築城様式を融合した独特の意匠

しゅりじょう

中国風の牌楼（ぱいろう）形式の城門、守礼門

千田嘉博のひとこと解説
琉球王朝の結晶。火災からの復興を応援したい。

琉球王国の栄華を伝える
朱塗りの城の復興を目指す

　1429年に琉球王国が成立してから、約450年にわたって国王の居城だった。城は内郭と外郭の二重構造。内郭には王族らの居住空間であった御内原、琉球王府の主な行政機関があった御庭、信仰儀式の場であった京の内などがあり、首里城は政治、外交、文化の中心地でもあった。城内の建物は、中国と日本から影響を受けた琉球独特の建築様式で、鮮やかな朱塗りが特徴。

　昭和20（1945）年の沖縄戦で全焼。平成4（1992）年、正殿などを復元整備し、首里城公園として開園した。令和元（2019）年の火災で正殿を含む6棟が全焼。再建に向けて動き始めており、正殿は令和8（2026）年中の完成を目指している。

DATA	別名	御城		TEL	098・886・2020
	所在地	沖縄県那覇市首里金城町1-2		料金	400円
	築城年	14世紀頃		見学時間	8:30〜18:00(有料区域は9:00〜17:30、最終入場17:00)
	築城者	不明		休み	7月の第1水とその翌日
	形式	平山城		アクセス	ゆいレール「首里」駅から徒歩約15分

1

2

3

Topics

情報収集は「首里杜館（すいむいかん）」で

首里城公園内にあるインフォメーションセンター。模型やパネル、ビデオ映像などで首里城について学べる情報展示室のほか、レストラン、売店などがある。

1.基壇（建物の土台）の石積みを見ることができる正殿遺構。平成12（2000）年、「首里城跡」として世界遺産に登録。2.重要な儀式を執り行っていた御庭へと続く奉神門（ほうしんもん）。3.城郭の東端にある物見台、東（あがり）のアザナ。城内で最も高い標高約140mに位置する。

おすすめ立ち寄りスポット

弁財天堂・円鑑池 べんざいてんどう・えんかんち

1502年に造られた人工池「円鑑池」。池の中央にある「弁財天堂」は昭和43（1968）年の復元。首里城公園内。

国際通り こくさいどおり

約1.6kmの通りに飲食店や土産店、ホテルなどが立ち並ぶ那覇のメインストリート。首里城からバスで約20分。

99

地形を巧みに利用した曲線の石垣が美しい

今帰仁城

なきじんじょう

御内原（うーちばる）の北側から東シナ海を一望できる

千田嘉博のひとこと解説
曲線の外郭石垣の見事さはほかになく、城からの景色もすばらしい。

堅牢な城壁に囲まれた
10の郭からなる山城

　沖縄本島で北山、中山、南山という3つの勢力が鼎立していた三山時代（1322〜1429年頃）に、北山王が居城とした。14世紀中頃に古期石灰岩を用い、地形を巧みに利用した曲線の石垣を築く。14世紀後半から15世紀初頭にかけて城域を拡張し、外郭を含め10の郭からなる現在の姿になったといわれている。1416年、中山を支配していた尚巴志の侵攻により陥落（1422年説も）。尚巴志が琉球を統一後、琉球王府が派遣した北山監守の居城となった。慶長14（1609）年に薩摩藩の琉球侵攻によって焼失。寛文5（1665）年に北山監守が引き上げてからも、聖域・拝所として存続した。平成12（2000）年、世界文化遺産に登録された。

DATA	別名	北山城、今帰仁グスク	TEL	0980・56・4400
	所在地	沖縄県国頭郡今帰仁村今泊5101	料金	400円(2022年4月1日から600円)
	築城年	13世紀末頃	見学時間	8:00～18:00(5～8月は～19:00、最終入場は閉城の30分前)
	築城者	北山王	休み	なし(臨時休館あり)
	形式	山城	アクセス	那覇空港からバスにて約2時間30分、バス停「今帰仁城趾入口」から徒歩約15分

1.平郎門から大庭(うーみゃ)まで結んでいた旧道。敵の侵入を防ぐため、石敷きの狭い道で急な坂になっている。現在も歩ける。2.本丸にあたる主郭には城主の住居などがあった。3.城内で最も高い石垣に囲まれている大隅(うーしみ)の城壁。兵馬訓練を行ったといわれる。

Topics

山全体を聖域とする「クバの御嶽(うたき)」

今帰仁城の西方、徒歩2分の場所にある古生代～中生代の石灰岩からなる丘陵。琉球の時代から続く聖地で、地元ではウガーミと呼ばれる。今帰仁村今泊2111。

おすすめ立ち寄りスポット

沖縄美ら海水族館 おきなわちゅらうみすいぞくかん

ジンベエザメやナンヨウマンタなど大型魚が泳ぐ大水槽があり、見どころ満載。本部町石川424。

国営沖縄記念公園(海洋博公園)沖縄美ら海水族館提供

古宇利大橋 こうりおおはし

古宇利島と名護市の屋我地島を結ぶ。全長1960mに及び、絶景スポットとして有名。今帰仁村古宇利。

100

戦禍を免れ、今なお往時の姿を残す

中城城

なかぐすくじょう

布積みで築いた一の郭。アーチ型の城門が印象的

千田嘉博のひとこと解説
断崖の上にそびえた城壁は、これぞグスクと思わせる。

築城時期で異なる
3種類の石積みは見逃せない

標高約160mの石灰岩丘陵上に位置する。先中城按司が数世代にわたって築き、14世紀後半頃に南の郭、西の郭、一の郭、二の郭が完成した。1440年、読谷山按司の護佐丸が琉球王府の命令で座喜味城より移封される。北の郭と三の郭を増築し、北東から南西にかけて6つの郭が連なる城となる。1458年に勝連城主の阿麻和利によって滅ぼされる。以後、一の郭内に中城間切番所や中城村役場を設置、行政の中心となった。

沖縄戦の被害が少なく、沖縄の城の中で最も原形をとどめている名城といわれる。昭和47(1972)年、沖縄の日本復帰にともない国の史跡に指定、平成12(2000)年には世界文化遺産に登録された。

DATA	別名	中城グスク		TEL	098・935・5719
	所在地	沖縄県中頭郡中城村泊1258		料金	400円
	築城年	14世紀中頃		見学時間	8:30~17:30(5~9月は~18:30、最終入場は閉城の30分前)
	築城者	先中城按司、護佐丸		休み	なし
	形式	山城		アクセス	ゆいレール「旭橋」駅からバスにて約1時間10分、バス停「中城小学校前」から徒歩約30分

御城印情報 ● P143

1 3

Topics

琉球史を学べる「中城村護佐丸歴史資料図書館」

図書館と中城歴史展示室があり、歴史展示室では中城城跡や護佐丸を中心とした琉球史を学べる。中城城をモチーフにした建物にも注目。中城村安里215。

1.南東は断崖、北西は急傾斜地になっている。2.相方積みで築いた三の郭。城内では築城時期の違いから3種類の石積みを見られる。幕末に訪れたペリー提督一行が中城城の築城技術の高さを称賛したと伝わる。3.北の郭の大井戸(ウフガー)。城郭内で水源を確保していた。

おすすめ立ち寄りスポット

美浜アメリカンビレッジ
みはまあめりかんびれっじ

異国情趣あふれる町並みが魅力のエリア。飲食店など、130以上の店舗が集結する。北谷町美浜9-1。

北谷公園サンセットビーチ
ちゃたんこうえんさんせっとびーち

東シナ海に沈む美しい夕日を望める。美浜アメリカンビレッジに隣接。令和4(2022)年3月末まで改良工事中。

御城印 カタログ

名城を訪れたらこちらもチェック。
集めたくなる御城印を一挙紹介!

彦根城 P20

彦根城運営管理センターで販売。300円。

小谷城 P26

小谷城戦国歴史資料館で販売。300円。

二条城 P30

二条城内の大休憩所で販売。通常版300円。

周山城 P34

慈眼寺で販売。朱の桔梗紋は300円。蒼の桔梗紋(写真)は400円。

福知山城 P36

福知山城天守閣受付、福知山観光案内所などで販売。300円。

姫路城 P42

姫路城内の出口売店で販売。300円。

赤穂城 P46

観光情報センターで販売。300円。

竹田城 P48

竹田城跡料金収受棟、情報館 天空の城で販売。300円。

明石城 P50

明石公園サービスセンター受付窓口で販売。300円。

信貴山城 P52

信貴山観光iセンターで販売。300円。

和歌山城 P54

天守閣券売所で販売。通常版300円。

鳥取城 P56

仁風閣で販売。300円。

松江城 P58

ぶらっと松江観光案内所で販売。通常版350円。

津和野城 P62

太皷谷(たいこだに)稲成神社売店で販売。津和野城版500円。

備中松山城 P64

備中松山城本丸入口券売所で販売。通常版300円。

岡山城 P68

休館中の郵送販売及びリニューアルオープン後の詳細は要問合せ。

津山城 P70

津山城内の備中櫓で販売。鶴丸版300円。

広島城 P72

広島城1層ミュージアムショップで販売。広島城家紋版300円。

福山城 ⟫ P74

福山城天守閣内ショップで販売。200円。

岩国城 ⟫ P76

岩国城入口で販売。300円。

萩城 ⟫ P78

指月公園料金所で販売。500円。

丸亀城 ⟫ P82

丸亀城天守受付で販売。300円。

高松城 ⟫ P86

玉藻公園東西料金所、玉藻公園管理事務所で販売。300円。

松山城 ⟫ P88

松山城天守きっぷ売り場で販売。300円。

大洲城 ⟫ P92

大洲城内のグッズコーナー、臥龍山荘などで販売。500円。

今治城 ⟫ P94

今治城天守1階観覧券売り場で販売。300円。

宇和島城 ⟫ P96

宇和島城天守窓口で販売。300円。

高知城 ⟫ P98

高知城天守窓口で販売。200円。

福岡城 ⟫ P102

福岡城むかし探訪館などで販売。300円。

小倉城 ⟫ P104

小倉城内のしろテラスで販売。通常版(来城記念版)300円～。

佐賀城 ⟫ P108

佐賀県立佐賀城本丸歴史館ミュージアムショップで販売。300円。

名護屋城 ⟫ P110

佐賀県立名護屋城博物館受付などで販売。300円。

島原城 ⟫ P112

島原城天守閣券売所で販売。通常版300円。

平戸城 ⟫ P116

平戸城天守閣窓口で販売。350円。

熊本城 ⟫ P118

熊本城内の二の丸お休み処・本丸お休み処で販売。300円。

岡城 ⟫ P128

岡城料金所窓口で販売。300円。

臼杵城 ⟫ P130

臼杵市観光交流プラザで販売。大友氏・稲葉氏の家紋入り500円。

中城城 ⟫ P140

中城城料金所窓口で販売。500円。

旅の記念に手に入れたい 名城みやげ

城や見どころ、武将などにちなんだアイテムをピックアップ。
最近は御城印帳の種類もいろいろ。
ぜひチェックしてみよう！

全種類揃えたくなる
カラフルでかわいいテープ

大坂城 P.38

豊臣秀吉 甲冑ペーパークラフト 1650円

豊臣秀吉の甲冑を迫力はそのままにペーパーモデル化。マントを着けた織田信長バージョンもある。マスキングテープとともに、城内のミュージアムショップで販売。

武将の甲冑を
細部までリアルに再現

オリジナル マスキングテープ 各385円

ピンク、水色、黄色、紫の4種類。ピンクには城と梅が、水色には城と桜があしらわれており、黄色と紫には豊臣秀吉の家紋である桐紋が並んでいる。

二条城がミニチュアになった
カプセルトイが登場

高松城 P.86

PUSUPUSU高松城 1620円

8cm×8cmのフィールドに、ダンボールの小さなパーツを差し込んで城を組み立てる模型キット。組み立て時間の目安は1時間〜1時間半。玉藻公園管理事務所で販売。

パーツをプスプス差し込んで
手のひらサイズの城を作ろう

二条城 P.30

二条城 フィギュアコレクション 各500円

天守、唐門、二の丸御殿、東南隅櫓、二の丸御殿での将軍対面の場がミニチュア化。二の丸御殿はマグネットタイプ。二条城売店では限定パッケージが手に入る。

御城印帳 2860円

二の丸御殿の遠侍（とおざむらい）に描かれた「竹林群虎図」をモチーフにした装丁。貼らずに御城印を保管できるポケットタイプ。二条城売店限定で販売。

勇壮な虎図を
モチーフにした
ゴージャスな御城印帳

熊本城

熊本城の瓦が入った
"後来不落"のお守り

熊本城瓦御守
1320円

熊本地震で使われたブルーシートの中に、被災した熊本城の瓦のかけらが入っている。中の瓦には、二度と落ちない「後来不落」の意味が込められている。熊本城内のお休み処で販売。

平戸城

御城印帳 各5000円

表紙と裏表紙には九州産ヒノキを使用し、職人が一冊ずつ手作り。夜明けをイメージした青、夕焼けをイメージした赤の2種類。巾着袋付き。平戸城天守閣窓口で販売。

西洋貿易港として栄えた
平戸ならではの
モダンなデザイン

広島城

広島城の天守閣で見られる
金シャチがインパクト大！

広島城金シャチ
クリアファイル 各265円

広島城跡内で発見された「金箔鯱瓦」をプリント。イラストバージョンはカープレッド（中央）、クールブルー（右）の2種類で、ほかに写真バージョン（左）もある。広島城内のミュージアムショップ限定。

中城城

御城印帳
2750円

表紙の三の郭と裏表紙のアーチ門を、中城城跡の自然や風景が彩る。沖縄の伝統工芸・紅型風の色鮮やかなデザイン。ポケットタイプで便利。中城城跡、中城村観光協会などで販売。

美しい色遣いが目を引く
お城巡りが楽しくなる一冊

彦根の魅力を詰め込んだ
人気のひこにゃんグッズ

彦根城

ひこにゃん
限定手ぬぐい レッド
700円

アップのひこにゃんに井伊家の家紋、彦根市の公式キャラクター・いいのすけ、彦根城が入った、彦根の要素満載の手ぬぐい。縦型デザインの青もある。彦根城内の鐘の丸売店で販売。

監修	千田嘉博

編集・執筆	株式会社ムーブ、角田真弓、菊地裕子

デザイン	高田正基、栗山早紀、青木由希子（valium design market inc.） 上城由佳
写真	尾崎篤志（東京ニュース通信社）
写真提供	兼松純写真事務所／関係各城郭／各市町村観光課・ 観光協会・教育委員会／関係各施設／PIXTA

主な参考文献	『地図で旅する! 日本の名城』千田嘉博監修（JTB パブリッシング）／『石垣の名城完全ガイド』千田嘉博編著（講談社）／『日本の城事典』千田嘉博監修（ナツメ社）／『一生に一度は行きたい 日本の名城 100 選』千田嘉博監修（宝島社）／『日本 100 名城公式ガイドブック』公益財団法人日本城郭協会監修（ワン・パブリッシング）／『わくわく城めぐり ビギナーも楽しめる〈城旅〉34』萩原さちこ著（山と渓谷社）／『決定版 日本の城』中井均著（新星出版社）／『ハンドブック日本の城』中井均著（山川出版社）／『これだけは知っておきたい 教科書に出てくる日本の城 西日本編』これだけは知っておきたい 教科書に出てくる日本の城 編集委員会編著（汐文社）／各城郭・各市町村のオフィシャルホームページ

シリーズ旅する日本百選②

名城を訪ねる旅
西日本編

第1刷　2021年10月8日

著者	「名城を訪ねる旅」製作委員会
発行者	田中賢一
発行	株式会社東京ニュース通信社 〒104-8415 東京都中央区銀座7-16-3 TEL 03-6367-8004
発売	株式会社講談社 〒112-8001 東京都文京区音羽2-12-21 TEL 03-5395-3606
印刷・製本	株式会社シナノ